理科授業サポートBOOKS

子どもの思考を
アクティブにする!

小学校
理科授業
ネタ事典

筑波大学附属小学校教諭
鷲見辰美 編著

明治図書

はじめに

　問題解決を中心にした学びを行っても，表面的になってしまうからでしょうか。「実感を伴った理解」，「主体的」，「対話的」，「深い学び」というキーワードで，なんとか問題解決の形骸化を打破しようという対策が次々に打ち出されます。

　しかし，形骸化の危険性はどんな方法，対策にも潜んでいるものです。それをやればいいという意識でいると，形骸化はすぐに忍び寄ってきます。

　大切にしなければならないのは，子どもの思考がアクティブになるかということを常に考えることです。その方法，教材を取り入れるのがよいのか悪いのか考えるだけではなく，その方法，教材を取り入れることで，子どもたちの思考がアクティブ化するかどうかを考え，よいか悪いか判断することが大切になります。

　本書では，子どものアクティブな思考をめざして，学習課題ネタ，実験・観察ネタ，教材・教具ネタを集めました。最近，子どもたちが受け身の姿勢で学習に取り組みがちだと思うときには，学習課題ネタを中心に導入の検討をしてみてください。ただ活動しているだけになりがちだなと思うときには，実験・観察ネタが中心になります。面白いと思うことをエネルギーにして活性化したいときには，教材・教具ネタです。

　最初にも述べましたが，それを使えばいいという考えではいずれ形骸化が起きてしまいます。本書のネタもアレンジするつもりで取り組んでいただけたらと思います。アクティブ思考ができる指導者の下では，アクティブ思考の子どもが育ちます。考えることの楽しさをみんなで味わってみてください。

　本書には全学年，ほぼ全単元のネタを集めました。1単元の学習だけではなく，他の単元でも汎用的に活用できるネタもあります。もっともっと楽しませたい，もっともっと考えさせたい，そんなとき，お手にとって見てください。何かお役に立てることがあると思います。

鷲見　辰美

Contents

はじめに

1章
子どもの思考をアクティブにする！ 理科授業ネタ …… 10

2章
子どもの思考をアクティブにする理科ネタ帳

第3学年

- 重さランキングをみんなでつくろう
  【物と重さ】学習課題ネタ …… 20

- 落下傘は右利き？ 左利き？ 落下傘が回転するヒミツを追究!!
  【風とゴムの力の働き】実験・観察ネタ …… 22

- 身近な道具を用いて風が物を押す様子を可視化する
  【風とゴムの力の働き】教材・教具ネタ …… 24

- 光で温度を上げられる!?
  【光と音の性質】学習課題ネタ …… 26

- 光を集めて調べよう
  【光と音の性質】学習課題ネタ …… 28

- いろいろな音を体感しよう
  【光と音の性質】教材・教具ネタ …… 30

- 付きそうで付かない物，付かなそうで付く物
  【磁石の性質】学習課題ネタ …… 32

エジソンの電球を自分でつくる!? 電球が光るヒミツを追究!!
【電気の通り道】実験・観察ネタ ……………………………………………………… 34

ふり返りカードで一人一人の思考を大切にする授業
【電気の通り道】教材・教具ネタ ……………………………………………………… 36

身近な生き物から問題をつくり，解決しよう
【身の回りの生物】学習課題ネタ ……………………………………………………… 38

カブトムシの頭・胸・腹を考えてみる
【身の回りの生物】実験・観察ネタ …………………………………………………… 40

モンシロチョウの成長過程を粘土工作しよう
【身の回りの生物】実験・観察ネタ …………………………………………………… 42

問題を見いだすスケッチ活動
【身の回りの生物】実験・観察ネタ …………………………………………………… 44

はじめての虫眼鏡を使っての観察はクイズ形式で！
【身の回りの生物】教材・教具ネタ …………………………………………………… 46

あれ!?　影って動いているの??
【太陽と地面の様子】学習課題ネタ …………………………………………………… 48

第4学年

ビー玉がよく弾むのは水？　空気？　ビー玉が弾むヒミツを追究!!
【空気と水の性質】実験・観察ネタ …………………………………………………… 50

気体・液体・固体の不思議に迫ろう
【金属，水，空気と温度】実験・観察ネタ …………………………………………… 52

子どもの疑問から問題解決を連続させる「水の三態変化」の学習
【金属，水，空気と温度】学習課題ネタ ……………………………………………… 54

試験管の向きを変えても，空気は膨らむの？を確かめる実験の工夫
【金属，水，空気と温度】教材・教具ネタ …………………………………………… 56

空気の温まり方も色の変化で！ 示温インクの活用法!!
【金属，水，空気と温度】教材・教具ネタ 58

温められた水はどうして上へ移動するのか調べよう
【金属，水，空気と温度】教材・教具ネタ 60

活性炭電池をつくって，電池をもっと身近なものにしよう！
【電流の働き】教材・教具ネタ 62

動物と比較することで人の体の巧みさを実感しよう
【人の体のつくりと運動】教材・教具ネタ 64

秋から冬にかけても植物は生きている
【季節と生物】教材・教具ネタ 66

自然蒸発の要因を数値で比較
【雨水の行方と地面の様子】実験・観察ネタ 68

気温から天気を考える
【天気の様子】教材・教具ネタ 70

夏の大三角を観察して星座早見をつくろう
【月と星】学習課題ネタ 72

第5学年

宝石づくり―ミョウバンの結晶を"置き式"で完璧な正八面体に育てる―
【物の溶け方】教材・教具ネタ 74

顕微鏡を使い，食塩が溶ける，析出する瞬間を観察しよう！
【物の溶け方】実験・観察ネタ 76

振り子の綱渡り？　振り子が伝わる性質
【振り子の運動】学習課題ネタ 78

正確に周期がわかれば実験がもっと楽しくなる
【振り子の運動】教材・教具ネタ 80

どの巻き方が一番強い!?
【電流がつくる磁力】学習課題ネタ ... 82

モーターを分解してみよう
【電流がつくる磁力】教材・教具ネタ ... 84

もし自分が花だったら？
【植物の発芽，成長，結実】教材・教具ネタ ... 86

植物の発芽に土は必要ないのか？
【植物の発芽，成長，結実】教材・教具ネタ ... 88

生まれる直前の等身大の自分を予想する
【動物の誕生】学習課題ネタ ... 90

生まれるまでを紙芝居にする
【動物の誕生】教材・教具ネタ ... 92

赤ちゃんがどのように栄養をもらっているのか調べよう
【動物の誕生】教材・教具ネタ ... 94

メダカの魅力を新聞にまとめる
【動物の誕生】教材・教具ネタ ... 96

校内で本物の川をつくり，実感を伴った理解をしよう！
【流れる水の働きと土地の変化】教材・教具ネタ ... 98

日本に上陸する台風がどこで発生するか考える
【天気の変化】学習課題ネタ ... 100

空を見ることを大切にした天気の変化の学習
【天気の変化】教材・教具ネタ ... 102

第6学年

どこで酸素が使われている？ 炎のヒミツを追究!!
【燃焼の仕組み】実験・観察ネタ ... 104

「人の体のつくりと働き」とつながる「水溶液の性質」の学習!!
【水溶液の性質】学習課題ネタ ─────────────── 106

身近な水溶液の液性を調べ，生活の中で生かす
【水溶液の性質】教材・教具ネタ ─────────────── 108

身近なものにも，あてはまるてこの規則性
【てこの規則性】実験・観察ネタ ─────────────── 110

バランストンボをつくろう
【てこの規則性】教材・教具ネタ ─────────────── 112

インプットがアウトプットになる現象から発電できる感動を
【電気の利用】教材・教具ネタ ─────────────── 114

省エネ家電は何だろう？
【電気の利用】教材・教具ネタ ─────────────── 116

実物で発見！　人の体の機能と構造
【人の体のつくりと働き】実験・観察ネタ ─────────────── 118

ジュースを飲んで尿になるまでを考える
【人の体のつくりと働き】学習課題ネタ ─────────────── 120

野菜の水の通り道
【植物の養分と水の通り道】教材・教具ネタ ─────────────── 122

水と土の中の小さな生き物を中心に食物連鎖を考えよう
【生物と環境】教材・教具ネタ ─────────────── 124

プログラム教材を使って理想の街づくりをしてみよう
【生物と環境】教材・教具ネタ ─────────────── 126

地域限定！　石ころ本物図鑑をつくろう！
【土地のつくりと変化】教材・教具ネタ ─────────────── 128

月早見盤で月の動きを理解しよう
【月と太陽】実験・観察ネタ ─────────────── 130

1章

子どもの思考を アクティブにする！ 理科授業ネタ

子どもの思考をアクティブにする3つの対策

子どもの思考をアクティブにするために，3つの対策が考えられます。

1　主体的な活動をめざす
2　理解を深める実験・観察
3　興味・関心を高める教材・教具の開発

この3つについて詳しく説明していきます。

1 アクティブ対策1　主体的な活動をめざす

　子どもたちの思考をアクティブにするためには，子どもたちの主体的な取り組みが重要なキーワードになります。
　やらされている活動，受け身の活動では，活動していても思考は停止している可能性が高いのです。その逆で，主体的な活動では，「どうしてこうなるのだろう」，「次はどうすればよいのだろう」，「こんなことがわかってきたぞ」と思考がアクティブになります。
　なんの手立てがなくても，主体的に動ける子どもはいます。でも，そういう子ばかりではありません。より多くの子どもが主体的に取り組めるような手立てをとることが大切になります。

❶問題意識を醸成する

　わかりきったこと，全く知らないことに，子どもたちが知的好奇心をくすぐられることはありません。わかっていると思っていたのにわからないことがあることに気づいたり，今まで知らなかったけれど，考えたこともなかったけれど，知りたいなと思ったりする場が大切になります。
　理科授業は，問題解決の形で進められることが多くなります。そして，そ

の活動のスタートとなる問題設定の場面で，子どもたちの問題意識をどれだけ高めることができるか，それが主体的な取り組みができるかどうかの大きな分かれ目になります。

問題解決における問題を教師が提示するのではなく，子どもたちの中から出てきた問題にすべきだという議論がされることがあります。しかし，議論すべきことはそこではありません。どのような形で設定されるかが重要ではなく，子どもたちの問題意識が高まっているかどうかが重要なのです。極端な言い方をすれば，子どもたちが思いつきで発した問題より，子どもたちの問題意識が高まるような教師提示の問題の方がいいのです。しかし，教科書にあるからこれをやらなければならないという思いだけで，教師が問題を提示すれば，子どもたちの主体的な活動への期待値は低くなってしまいます。

大切なことは，子どもたちの問題意識を高めるために，「あれっ」，「えっ」と心が揺さぶられる場面があることです。そのためには，目的をもった教師の演示実験，子どもたちの活動，友達の考えに触れる場面，振り返りの場面などが必要になります。

これまでの生活や学習体験から，子どもたちは多くの知識をもっています。言葉として聞いたことがあるレベルの知識でも，子どもたちはわかったつもりになっています。そこで，わかっているようでわかっていない，そのことに子どもたちが気づくことができるようにします。

例えば，台風は毎年のように日本に上陸します。南の海上で台風が発生していることをニュースで何回も聞いているでしょう。子どもたちは，台風が南の海上で発生していることなら知っているよと思っているはずです。しかし，世界地図上で，台風が発生する場所をかくと，南半球から赤道，日本近海まで実に様々な場所に

1章 子どもの思考をアクティブにする！ 理科授業ネタ

なります。まず、地図上にかくとき、そして他の子の考えに触れる場面で、「あれっ」と思うことになります。そこで問題意識が醸成されていくことになるのです。

❷自己判断，自己決定の場づくり

　理科の実験・観察は，正確に結果を出すため，安全に行うために決められた手順で操作しなければならないことが多くあります。

　それでも，教材や場の工夫で，少しでも子どもたちの判断に委ねる場を増やすことができれば，より主体的な活動が期待できることになります。自分で判断したり，決めたりすることは，主体的に動くための重要な要素です。失敗の可能性があっても，自分で考えたことを試してみたり，友達と協力しながら試行錯誤してみたりすることができるような場を設定していきます。

　当然，安全性の確保を考えたり，無限に使えるわけではない時間のことも考えたりして設定することになります。

　例えば，てこの学習を生かして，口の部分でバランスをとって止まるバランストンボづくりに挑戦します。体の先端にある口の部分を支点にして，指の上に止まるようにするわけですから，羽でバランスをとることになります。どのような形の羽をどの位置に付ければよいのか判断し，紙を切ります。当然，判断を誤れば指の上にバランスよくのりません。友達と相談し，試行錯誤しながら成功をめざすことになります。紙の制作ですから，その失敗を糧にして，すぐにやり直すことができるのがよいところです。

　教師があの山に登るぞと指示すると，頂上に到着するまで「あと何分歩くの？」と何回も聞いて休憩したがります。しかし，自分で登りたいと決めると，教師を追い越す勢いで登ることになります。そんな体験をされた方も多いと思います。

❸達成感，有能感，自己肯定感を高める

　できなかったことができるようになったり，誰かに認められたりすることで，達成感や有能感，自己肯定感がもてます。これが，次の活動への意欲につながります。やり遂げた嬉しさ，できるようになった嬉しさ，認められた満足感，それが次もやりたいという主体的な活動のエネルギーになります。

　この思いを高めるためには，何かをつくり上げる体験，これまで見えなかったことが見えてくる体験ができるようにします。主に制作活動や説明活動等の表現活動になります。表現活動はとにかく時間がかかることが多いので，避けてしまう傾向があります。しかし，時間をかけるだけの価値がある活動です。

　例えば，電気の利用の単元では，コンデンサーに同じ量の電気を蓄えて，モーター，LED，自作電磁石がどれくらい稼働するかの実験を行います。そこからつかんだことを生かして，家庭の電化製品の消費電力を調べてまとめてみます。日々何気なく使っていた電化製品を，どれが多くの電気を消費しているのかという目で見ることができるようになります。これまでとは違う見方ができる楽しさを味わうことになるのです。

　また，人の誕生について調べ活動をした後に，自分の誕生までのストーリーを紙芝居にするような表現活動も考えられます。これも時間がかかる活動になりますが，自分の誕生のことがわかるだけではなく，周囲の人々から期待され，祝福されて誕生したことを再認識することになります。これは，自己肯定感につながる活動になるのではないでしょうか。

1章　子どもの思考をアクティブにする！　理科授業ネタ

2 アクティブ対策2　理解を深める実験・観察の工夫

　学習したはずなのに，忘れてしまっているということがあります。資料を書き写しただけ，誰かから聞いただけの学習状態になると，そのようなことが起こりやすくなります。そのようなとき，その子は，その自然について表面的な理解にとどまっていた可能性があります。表面的な理解とは，その言葉を知ったというレベルにとどまっているということです。本当は表面的をつけたとしても，理解という言葉を使わない方がよいのかもしれません。

　そこで，「知る」から「わかる」，「わかる」から「使える」までの理解をめざすような実験・観察を行うことができるようにします。

❶意味理解をする

　まず，自然の仕組みや規則の意味理解ができるようにします。これが，「わかる」状態だと考えています。意味理解をするということは，そのようになる理由を考えることができたり，意味を説明することができたりするということです。意味理解ができると，自分なりのイメージをもつことができます。そして，それを文章やイメージ図等で説明することができるようになります。

　意味理解をするためには，問題解決を通して，より多くの体験をし，友達との対話をしながら理解をすることが必要になります。もちろん形骸化された問題解決活動ではなく，先に説明したような問題意識をしっかりもった問題解決活動です。

　例えば，モンシロチョウの幼虫を観察するときに，単にスケッチをして終わるのではなく，スケッチしたものを見比べます。同じ幼虫を見てスケッチしても，様々な幼虫が描かれることになります。そこで脚の違いに焦点を当て，「モンシロチョウの幼虫の脚はどんな形をしているのだろう」という問

題意識をもって再度観察を行います。その後，モンシロチョウの幼虫だけではなく，アゲハチョウの幼虫，カイコの幼虫などを観察すると，どれも同じような脚の形をしていることに気づきます。どの幼虫も同様に，前脚と後ろ脚が違う形をしていることを理解した子どもたちは，そのような脚をしている理由を考えることができるようになります。葉を食べ，葉の上で生活するために都合がよい脚をもっていることに，子どもたちは気づくのです。幼虫という成長段階があることだけではなく，その幼虫が生きているイメージをもつことができる学びにします。

❷学んだ知識・技能を使いこなす

　問題解決を通して意味理解をすることができたら，さらに，その知識を使いこなすことができるようにします。それまでに学んだ知識・技能を別の場面や状況で活用できる問題解決場面を設定するのです。この問題解決ができてこそ，深い理解をしたといえます。

　ここでの実験・観察は，教科書にあるような基本的な実験・観察とは異なります。それまでの学習を生かせる実験・観察になるので，活用課題を解決していく実験・観察になります。

　例えば，月が出ている写真を見て，今何時ぐらいか考えます。たったそれだけのことですが，4年生や6年生で学習する内容を総合的に考えないと解決することができません。

　少し欠けているのが，右下になるので，この月は南より西の方向にあり，この後沈んでいくということがわかります。月は太陽の光を反射して光るので，欠けている方とは逆の側に太陽があることになり，太陽は東の方角にあることになります。つまり時間は午前中ということです。何時と明確にいう

ことはできませんが，このような判断からおよその時間は特定できます。

3 アクティブ対策3　興味・関心を高める教材・教具の開発

なんといっても理科授業において，教材・教具は命です。教材の魅力で，関心・意欲が高まったり，追究が深まったり，対話が盛んになったりすることがあります。

自然や自然現象の魅力を教材化できれば，その魅力に助けられて，子どもたちの関心・意欲はぐっと高まることになります

しかし，どのように教材開発をすればいいかよくわからないという方もいます。開発のヒントは，子どもたちの言動にあります。4年生の「温度とものの体積」の単元で，試験管の口に石けん膜を付けて，手で温める活動があります。手で温めると試験管の口の石けん膜が膨らみますが，子どもの中には，試験管の中の空気が上昇したからだと考える子がいます。

このような子どもたちの素朴概念が，次の活動のよい問題になったり，教材開発のヒントになったりするのです。

4 子どもの思考をアクティブにするネタ

本書では，今まで述べてきたことを踏まえて，子どもの思考をアクティブにするネタとして3つに大別して示しています。活用するときの参考にしていただければと思います。

❶学習課題ネタ

この分類に入るネタは，学習課題設定に使えるものです。教師が提示するものが学習課題で，それが子どもの問題になったとき学習問題とするという考え方があります。またその逆で言葉を使う方もいます。本書では，そこにこだわらず，子どもの問題意識を高めるための問題設定を，学習課題ネタとして分類しました。

学習課題ネタは，できる限り子ども同士の対話や活動を行う中から，問題が生まれるようにしています。単元のおおまかな流れもわかるようにして，

単元の中での位置づけがわかるようにしてあるものもあります。
　学習課題の設定がうまくいけば，後の追究は子ども自身のエンジンで進んでいきます。教師はサポート役になっていても，アクティブな思考をする姿が見られるはずです。

❷実験・観察ネタ

　実験・観察ネタは，基本的な知識を学ぶネタと理解を深めるための活用的なネタに分かれます。

　基本的な知識を学ぶ実験・観察ネタは，子どもたちが興味をもちやすいポイントや主体的な取り組みを促す手立てがわかるようになっています。問題解決になりにくいと考えられる観察においても，子どもたちの問題意識を高められる手立てを載せました。

　理解を深めるための活用的な実験・観察ネタには，身近な生活につながるもの，それまでに学習したことを生かせるもの，意味理解をしやすくなるものがあります。

❸教材・教具ネタ

　教材・教具ネタは，子どもたちの興味・関心を高めるものがそろっています。このネタの使い方は様々ですが，子どもたちの自由研究につながるようなものもいくつかあります。授業時間を超えての追究活動になるきっかけになるかもしれません。

　教材・教具ネタは，興味・関心を高めるだけではありません。本来なら見えない世界をイメージしやすくしたり，理解しにくい部分が理解しやすくなったりするものもあります。

　準備が必要なものもありますが，子どもたちの反応を見て，準備したかいがあったと思えるネタになっています。

　ここにあるネタをぜひ実践していただくのと同時に，これを参考にしてオリジナルのネタを考えてみてください。

　みなさんもぜひ思考をアクティブに！

鷲見　辰美

2章

子どもの思考を
アクティブにする
理科ネタ帳

| 教材・教具ネタ | 実験・観察ネタ | **学習課題ネタ** |

3年／物と重さ

重さランキングをみんなでつくろう

> 重さブロックを手に持って比較しながら，重さランキングをみんなでつくってみたらどうかなと投げかけます。すると，みんなでブロックの重さを予想して，重い順に並べるみたいなランキングかな，と子どもの声。クラスでの重さランキングの取り組みがスタートしました。

1 どれが一番重いんだろう？

　机の上に並べられた，重さ比較用のブロック教材。それぞれのブロックは，同じ体積（大きさ）であることを，上から合わせたり，横から合わせたりしながら説明します。そして，それを見ながら「どれが一番重いんだろうね」と問いかけます。すると子どもたちからは，様々な答えが出てきます。「この鉄みたいなやつだよ」「でも，鉄みたいなやつは，もう一つあるよ」「この木みたいなものは重くはないと思うよ」子どもたちは，これまでの経験や知識から，予想をしているのでしょう。予想の理由を聞いてみると，鉄だから…硬いから…冷たいから…等々。

　では，持ってみて，グループで重い順に並べてみようと投げかけると，子どもたちは，何度もブロックを持ちかえながら，話し合いながら，真剣な表情で，ブロックを並べかえていました。

2 はかりで重さを量らないと…

予想をしながら，並べた８つの重さブロック。ほとんどのブロックは，予想できましたが，いくつか難しいものがあるようでした。他のグループの予想を見て，食い違っているものについて，意見交換をしている子どももいました。

「じゃあ，はっきりさせるには，どうする？」と問いかけると，「重さを量らないとはっきりしないよ」という返答がありました。そこで，重さを量ってランキングを改善していくことになりました。「やっぱり」「あー違ったのか」など，様々な声が出ました。

教師は，予想が完全に当たっていたグループのみを評価するのではなく，８つのうち半分以上当たったすべてのグループを認めます。そして，手では難しかったものは，はかりを使うとわかりやすくなるということの素晴らしさを次のように伝えます。「見た目や手応えだけでははっきりしないことは，数字になるとわかるね。でも，同じ体積（大きさ）なのにこんなに重さが違うんだね」

物にはそれぞれの重さがあるという結論に，ランキングを楽しみながら近づくと望ましいです。

3 同じ体積（大きさ）だということを演示するために…

同じ量だけ，容器に水を入れておいて，水に沈む重さブロックをその容器に入れます。水位が同じ高さまで上がります。これを演示することで，同体積（同じ大きさ）であることを示すこともできます。（水に浮く物は難しいですが…）お風呂に入ったときに，体の大きさの分だけ水位が上がるということを例示すると，子どもは，生活経験と結びつけることもできます。

(辻)

3年／風とゴムの力の働き

落下傘は右利き？　左利き？
落下傘が回転するヒミツを追究!!

> 本単元では，風車を扱うことがあります。しかし，風車がなぜ回るのか？まではあまり考えていないでしょう。紙を切った落下傘の回転する方向と，はさみのせん断作用の関係の謎解きは興味深い体験になります。

1　風の働きから回転する力が生まれるわけを知り，落下傘をつくる

❶**風車を落とすと回転するが，同じ形で平面の紙は回転しないことを演示実験で確かめる**

　風車の中心に穴を空けて割り箸の先端を刺し，固定します。割り箸を下向きにして，高いところから落とし，くるくると回転する様子を観察させます。では，風車と同じ形に切った平面の画用紙に割り箸を刺し，同じように落とすとどうなるでしょうか。まったく回転せずに落ちてきます。これらの実験から，「風の働きから回転する力が生まれるには，一定の角度がついた羽が必要である」ということを押さえます。

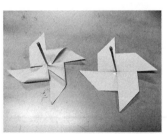

❷**落下傘を切り抜く**

　コピー用紙に印刷した落下傘を提示します。

(1)はじめに周りの実線で切り抜きます。

(2)1cm幅の実線を直角の山折りにします。

(3)5mm幅の破線をはさみで切ります。この短冊が羽になりますが，角度は

つけません。

(4) 1cm幅の部分を少し重ねて，丸くなるように，のり等で固定すれば完成です。

落下傘の設計図

2 落下傘を落としてみる

はじめに，落下傘の羽には角度をつけていないことを確認して，予想させます。すると，不思議なことにくるくると回転して落下します。上から見て，どちら向きに回るかを尋ねると，右回りと左回りの両方があることに気づきます。右回り，左回りの児童の名前を黒板に書き出します。すると，児童の利き手の違いと一致することに気づきます。羽には角度をつけていないつもりでも，せん断作用で切り口がわずかに曲がり，角度がついているのです。

3 その他の方法・他の教科との関連

右利きと左利きのはさみの違いで本当に逆回転の落下傘ができるのか自分で試してみるのもよいでしょう。また，カッターで切った場合はどうなるか考えるのも興味深いです。カッターではせん断作用が起こらないので，無回転の落下傘ができます。あるいは，羽の部分を右利きと左利きのはさみで半分ずつ切ったらどうなるでしょう？ このように，発想次第でいろいろな追究が生まれます。また，切り取る前に，羽になる部分に三角形や円などの図形を描き，色を塗ってから落下傘をつくると，面白い模様が現れます。さらに，回転すると動いているように見えます。このように，図工や算数等と関連づけて発展的に扱うのもよいでしょう。

(尾崎)

【参考文献】
・たのしい授業編集委員会編『ものづくりハンドブック2』仮説社

| 教材・教具ネタ | 実験・観察ネタ | 学習課題ネタ |

3年／風とゴムの力の働き

身近な道具を用いて風が物を押す様子を可視化する

> 風を利用して物を動かす活動によって，風にはエネルギーがあるという見方を育てていきます。そのために，風が物を動かす様子を見えるようにし，児童の考えが深まるようにしましょう。

1 風が帆を押す様子を可視化する

　風がもつエネルギーのより深い見方ができるようになるためには，風の強さや量に注目させる必要があります。なぜなら，生活の場面では風が効率よく当たるように風力発電所のプロペラの角度を変えているからです。そこで，風の強さが一定でも風の受け手の状態によって風が当たる量が変われば，物が動く様子も変わることに気づけるようにしたいと思います。

　そのためには，「同じ風の強さ」で帆の傾き・形が違うものを用意し，帆に当たる風の

①穴あき

②前傾

③後傾

量が変わるようにして車の動く様子を比べるとよいでしょう。風の強さが同じ場合，上記①～③でどの帆をもつ車が走る距離が長いのか，車に乗せる分銅の数が多いのか，比較します。そして風が帆を押す様子に違いがあることをとらえるために加湿器の霧を帆に当てると，風の姿を見ることができ，結果を考察するときに効果的です。

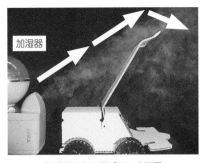

風が帆の上に逃げていく様子

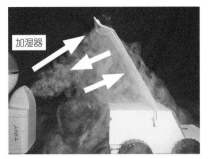

風が帆の下から帆を強く押す様子

2 考えを外化する

　加湿器の霧を使って風が帆を押す様子を観察できると子どもたちは風がどのように押しているのか考えをもちます。そして，イメージ図のように，風が帆を押す様子と車の動き方を考えて，表現する力が育ちます。

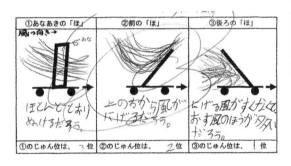

風の逃げる量を考えたイメージ図

　本単元では，風の強さを変えて物が動く様子を比較することも大切です。しかし，風の強さが一定でも風の受け止め方によって，物が動く様子を比較することも発展的な学習として子どもが本気で考える学習になります。

> **ポイント**
>
> 　子どもが「風が帆を押す様子を何とかして見たい」と思わないのに，教師の思いだけで加湿器などを使っても意味がありません。子どもの思いに沿った手立てとして加湿器などが出てくるようにするとよいでしょう。加湿器ならば安全で身近です。

(渡辺)

| 教材・教具ネタ | 実験・観察ネタ | 学習課題ネタ |

3年／光と音の性質

光で温度を上げられる!?

「壁に貼った的の温度を上げよう！ 先生と勝負だぞ」と言うと，子どもたちは，これまでの学びを生かすべく，作戦会議を始めます。みんなで1か所に光を集めたらいいのではないか，的は黒くしたらいいのでは，様々なアイデアの中に，これまでの学びが生かされます。

1 光を集めると…

光と音の性質の授業のはじめに，「太陽の光で温度を上げるにはどうしたらいいかな。使えるのは，鏡だけ」そのように話すと，子どもたちからは，次のような様々な意見が出てきます。「日なたに置けばいいよ」「光を集めるといいんじ

ゃない」「光って集められるのかな」「集めても温かくはならないと思う」
　子どもたちから意見が出てきたら，「では，一つ一つ確かめていくといいよね」「まずは，鏡を使って光を集められるか…でいいかな」と聞きます。子どもたちから出てきたことを整理していくうちに，学習の見通しもできてきます。
　鏡を使って光がまっすぐに進むことを学び，光を集めることで，集めた場所が明るく，温かくなることを量的・関係的な視点で学んでいきます。その後に行う虫眼鏡を使った学習も，すべては太陽の光で，ある一点の温度を上げるためです。その目的に向かって，学んだことは蓄積されていきます。

2 さあ！ 光を集めて，ある一点の温度を上げよう！

単元の終盤，壁に貼ってある温度計の温度を上げるというチャレンジに取り組みます。これまで学習したことは，ここで発揮するためのものです。どちらが温度を上げられるか，相手は教師です。32人の子どもたち vs. 先生です。「作戦会議をしていいよ」と伝えると，子どもたちはノートを見返したりしながらこれまでの学びを振り返ります。そこでの振り返り，お互いに共有される意見こそが大事になります。それだけにこの時間は貴重な時間になります。

3 真剣勝負！ みんなの力で温度を上げる

作戦会議後，5分間でどのくらい上げるかを競い合いました。もちろん，教師も含めてみんな真剣です。鏡の光が的に当たっていない友達を見つけると，声をかけ合います。子どもたちは，黒い色画用紙を教師に要求し，それを的に貼りました。教師も同様に貼ります。

5分間の真剣勝負。結果は32℃対45℃で子どもたちの勝利でした。子どもたちは大喜びです。学んだことをもとに作戦を立てて，その通り行ったら，先生に勝利しました。学習内容を生かせたという有用感，作戦会議でみんなで考えたこと

のよさも感じることができました。こうすれば勝てるはずだという予測をもとに，実際に挑戦したら結果に結びつきました。「どうして上手くいったの」という先生の問いかけに，子どもたちは口々に学習したことを話しました。

(辻)

| 教材・教具ネタ | 実験・観察ネタ | 学習課題ネタ |

3年／光と音の性質

光を集めて調べよう

> まずは，光をはね返したり，的当てゲームをしたりしながら，興味・関心をもたせ，身近な光の存在を体感させます。
> そして，光はまっすぐ進むことを調べたり，光をはね返したりしながら光を集めたりする活動を行います。

1 はね返した光を重ねて調べよう

　光を集めると，明るさや温かさには，どんな違いが現れるでしょう。まずは，目で見たり，手で触ったりして体感しましょう。ただ，手で触ってみても違いがよくわからないかもしれません。そこで，数値で表す必要が出てきます。温かさを数値で表すことで，光をはね返した鏡の枚数と温度との関係についてしっかりと比較ができるようになります。

光が重なったところの温度を測ってみる

2 さらに光を集めると、どれぐらい温かくなるか調べよう

　実験を進めていく中で、「もっと光を集めてみたい」「たくさんの鏡を使って調べたい」等の声があがります。

　そこで、グループごとに実験方法を考え、実験を行います。鏡やアルミ箔など、はね返す物を何にするか、置き方をどうするかを考えます。また、太陽光は動くので動きに合わせて、鏡の向きを調整する必要も出てきます。

　実験後の子どもたちからは、「電気やガスを使わなくても、水を温めることができるから便利だ」「でも温めるのに時間がかかる」等の声が聞かれます。3年生として、エネルギーの有効利用の考え方に、少しでもつなげられればと考えます。

アルミ箔を周りに並べる

鏡を多く使って、光を集める

（坂野）

| 教材・教具ネタ | 実験・観察ネタ | 学習課題ネタ |

3年／光と音の性質

いろいろな音を体感しよう

光や音そのものは，身近な存在であるにもかかわらず，実体がつかみにくいものです。様々な音を出す道具や楽器に触れ，体感する中で，問題を見いだし，解決できるようにします。

1 いろいろな楽器で音を出してみよう

　大太鼓や小太鼓，ティンパニー，シンバルなどを使って，実際に音を出してみて，気づいたことや疑問に思ったことについて話し合ってみます。
　「音が出ているときの太鼓の様子はどうかな。触ってみよう」「シンバルは手で押さえると音が出なくなるね」「どうして音が出るのだろう」といった声が出されます。
　いろいろな活動を通して，「どうして音が出るのだろう」「音が出ているときは，物は震えているのかな」等の疑問をもとに，問題をつくります。

2 音の大きさを調べよう

　音の大きさによって，震え方が変化する様子が調べられる物を使って実験してみましょう。弦楽器やモノコードなどは，音と振れ幅の関係がわかりやすいです。タブレット端末で撮影すると，振れ幅や振れ方なども確認できます。また，輪ゴムと箱などで弦楽器をつくり，実験してみるのもよいでしょう。

左：通常，真ん中：音が大きいとき，右：音が小さいとき

　また，実験している中で直接触っていないのに，太鼓の膜が震えたり，音が出たりすることにも気づくことでしょう。例えば，右の実験では，声を出すと，黒いビニール膜の上の塩が跳びはねます。

（坂野）

| 教材・教具ネタ | 実験・観察ネタ | 学習課題ネタ |

3年／磁石の性質

付きそうで付かない物，付かなそうで付く物

> 電気の学習を終え磁石の単元の終盤，電気を通す物と磁石に引き付く物との比較を行いました。「そうか，電気を通す物は金属で，磁石に引き付く物は鉄だね」「同じではないよね」この発言をきっかけに「付きそうで付かない物，付かなそうで付く物」探しが始まりました。

1 あれ？ 電気は通すのに，磁石には引き付かないよ

きっかけは，磁石の授業の終盤の話し合いからでした。磁石に引き付く物と引き付かない物を調べて，付箋に書き，硬さや色などを横軸，縦軸にしたりしながら表にして比べていると…。共通点や差異点から，いろいろな発見や，疑問が出てきました。

子ども　表を見ていると，磁石に引き付かない物の中にも金属があるよ。
子ども　じゃあ，金属の中にも磁石が引き付かない物もあるんだね。
子ども　ドアの取っ手とか，理科室の流しなどは金属なのに付かないね。
子ども　スチール缶は付いたけどアルミ缶は付かなかった。
子ども　アルミは磁石に付かない金属ということだね。
子ども　スチールは磁石に引き付く金属なんだね。
教　師　スチールって何かわかる？
子ども　鉄だよ。だから鉄が磁石に引き付くんだね。
子ども　そうか，鉄に見えたけど流しは鉄じゃないんだね。

子ども　電気は通すのに，磁石は付かないという物にどんな物があるのか，調べてみたいな。理科室の中にこれだけあるんだから，学校の中にはたくさんありそうだね。

2 あれ？　磁石は引き付けられるのに，電気は通さないよ

磁石に引き付く物とそうでない物を分けた表をさらに見ていくと…。
子ども　鉄には見えない物でも，磁石が引き付いている物があるね。
子ども　きっと中に鉄が隠れている物だよ。
子ども　黒板も鉄には見えないけど付くよ。
子ども　材料の中に鉄があるのかも。
教　師　鉄には見えないけど鉄が使われたり隠れたりしているのかな。
これも調べてみたいねなどと，クラスで出てきたいくつかの疑問をもとに話し合っていくうちに，下のような問題ができあがりました。

> 鉄に見えるけど磁石が引き付かない物（鉄ではない金属），鉄には見えないけど磁石が引き付く物（鉄が隠れている物）にはどのような物があるのだろうか。

3 「付きそうで付かない物，付かなそうで付く物」探し

できあがった問題を解決するべく，子どもたちは，磁石と電池とソケット付きの豆電球をもって校内を調べてまわりました。電気を通すのか磁石が引き付くのかを同時に確かめていくことで，金属の仲間について考え直すことになりました。

(辻)

【参考文献】
・鳴川哲也, 山中謙司, 塚田昭一編著『アクティブ・ラーニングを位置づけた小学校理科の授業プラン』(2017) 明治図書

| 教材・教具ネタ | 実験・観察ネタ | 学習課題ネタ |

3年／電気の通り道

エジソンの電球を自分でつくる!?
電球が光るヒミツを追究!!

> 本単元では，豆電球を使います。しかし，電気が通るとなぜ光るのか？まではあまり考えられていないでしょう。電球を発明したエジソンが用いた竹炭が，豆電球のように光を出す実験は興味深い体験になります。

1 エジソンの電球をつくる

❶竹串をアルミホイルで二重に巻く

竹串が空気と触れないようにしっかりと包みます。

❷ピンセットで持ち，ガスコンロで数分間，熱する

アルミホイルに穴が空くので，ガスコンロの火に近づけすぎないようにします。隙間から出てくる気体に火がつきます。気体が出てこなくなったら冷まします。机に落としたとき，カキンという硬い感じの音がする炭ができれば成功です。いろいろな竹串で何度か試すとよいでしょう。

❸炭を取り出し，両端を目玉クリップなどで挟んで電気を通す

電源装置につなぐとやりやすいですが，乾電池を直列につないだり，9Vの電池を用いたりしてもできます。火傷及び飛散防止のため，ビーカーや大きな水槽などを逆さにし，電極を覆ってから電気を通しましょう。

ワニロクリップなどを使って，写真のような電極をつくっておくと，炭を挟むときに誤って折ってしまう失敗が少なくなります。

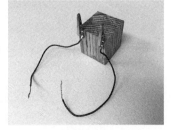

電極の工夫

2 その他の方法・他の単元との関連

　シャープペンシルの芯でも代用できますが，鋭い破片が飛散しやすいので，ビーカーなどのカバーを必ずかぶせます。6年生の「燃焼の仕組み」の学習と関連すれば，長い時間光らせる工夫を考えさせることもできます。電球の中の酸素を減らせばよいのです。

コーヒー等の瓶のふたの内側に電極を付けます

　そのときは，写真のように，密閉できる瓶のふたの内側に電極を取り付けて芯や竹炭をセットし，瓶の中に使い捨てカイロを入れてふたをしてしばらく置きます。カイロの鉄粉が酸化するので，酸素を減らすことができます。

ふたを閉めれば密閉できます。電球っぽいでしょう！

3 電球を発明したエジソンの小話ネタ

　エジソンは，電球を発明するために，様々な素材を使って二千数百回も実験を繰り返したそうです。そして，ついに発見したのが，京都の八幡村にある男山で，秋から冬に採った真竹でした。この竹を上の実験と同じように炭にし，数百時間も点灯する電球を完成させたのです。世界ではじめて発明された電球の材料が，日本の竹だったというのは驚きですね。今では，タングステンという金属のフィラメントが使われています。

(尾崎)

【参考文献】
・日置光久・村山哲哉編著『子どもと楽しむ理科実験　小学校3年生向け』ぎょうせい
・後藤道夫『子どもにウケる科学手品77』講談社ブルーバックス

| 教材・教具ネタ | 実験・観察ネタ | 学習課題ネタ |

3年／電気の通り道

ふり返りカードで一人一人の思考を大切にする授業

> 本単元では，今まで身近だと感じていた「電気」を新しく「回路」という視点から見直していけるようにします。その際，3年生ということをふまえ「理科って楽しい」と感じられるようにします。

1 ふり返りカードの活用

活動を通して一人一人が自分の考えや思いを深めます。それを学級に広め，互いに学び合う場をつくりあげるための手段として，ふり返りカードを活用します。

❶理解度を◎や△で自己評価

教師の「教えたつもり」や，児童の「わかったつもり」は意外と多いものです。回路の見方を児童が「見つけていく」ことが大切です。そこで，児童に1時間の理解度を自己評価させ，理解が不十分な児童に対しては手立てを講じます。

❷友達のよいところ

学び合う場を設定する場合には，「安心して学習できる環境」が必要です。そこで，友達のよさを見つけ，伝え合うことで「友達に自分の考えやがんばりをほめてもらえて嬉しい」と児童が感じられるようにします。

・〜君が…のやり方を「○○だよ」とわかりやすく教えてくれて助かりました。
・〜さんが回路のことをジェットコースターみたいと例えていてわかりやすい。

　一人一人のよさを互いに認め合うことにより、活動中の意見交換も活発に行われるようになります。

2 活用場面で行うものづくりの工夫

　回路についての理解を深めるために、1人もしくは2人で1つ、「回路を生かした」簡単なおもちゃづくりをさせます。写真の消防車は一例ですが、単に回路をつくるだけではなく、点滅する・スイッチが切りかわるものを考えてつくることにより、回路に対する見方がより深まっていき

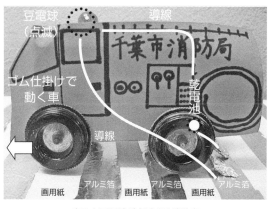

走ると豆電球が点滅する消防車

ます。他にも身近なものを使って、テスター等をつくることが考えられます。ここで大切なことは、設計図を書いてからつくらせることです。設計図を書くことにより、回路をもう一度見直すことができると同時に、教師や友達が間違いを発見して修正したり、改善したりすることもできるからです。

> **ポイント**
>
> 　本単元のおもちゃづくりではアルミ箔を必ず使います。磁石の学習をする際、アルミニウムの「電気を通すが、磁石には引き付けられない」という性質に気づかせ、「電気や磁石の違いについてもっと調べてみたい」という児童の興味を喚起し、電磁石につなげたいですね。

（渡辺）

| 教材・教具ネタ | 実験・観察ネタ | 学習課題ネタ |

3年／身の回りの生物

身近な生き物から問題をつくり，解決しよう

> 生物と環境との関わりについては，授業が展開しにくいという声をよく耳にします。昆虫の体について調べる学習との区別がつきにくく，何を観察したらよいのかわからないとのことのようです。子どもたちが主体となって問題をつくり解決していくことで，観察の目的をはっきりさせることができます。

1 身近な生き物から問題をつくろう

　虫などの動物をどんなところで見つけたか一人ずつ付箋紙に書き，グループで場所ごとにホワイトボードにまとめていきます。気づいたことや疑問に思ったことをもとに問題をつくります。

　「バッタは，草原にいたよ」「チョウは，花壇の花に来ていたね」「虫などの動物はどうしてその場所にいたのかな」などと会話をしながら進めていきます。

2 虫などの動物は，どうしてその場所にいたのかな

問題に対する子どもたちの予想は，「えさがいっぱいあるからではないか」「身を守るためではないか」「子育てしやすいからではないか」等でした。

植木鉢の下で，ダンゴムシを見つけた

チョウは花のみつを吸っていた

バッタは，周りと同じ色をしていてわからない

観察の結果から，「ダンゴムシは植木鉢の下にいたから，暗くてしめったところをすみかにしているのではないか」「バッタは草原にいて，身を守っている」「バッタは，草をえさにもしている」「クモはクモの巣にいて，虫とかのえさをつかまえている」等の考えが出されました。そして，「虫などの動物は，かくれがや食べ物のある場所にいる」という結論を導き出しました。

（坂野）

| 教材・教具ネタ | 実験・観察ネタ | 学習課題ネタ |

3年／身の回りの生物

カブトムシの頭・胸・腹を考えてみる

> まず，頭・胸・腹の区別がしやすい昆虫を観察し，それぞれの特徴をつかみます。そして，区別がしにくい昆虫の胸がどの部分になるのか考えることで，昆虫の体について理解が深まります。

1 トンボやアリの体で調べる

頭・胸・腹がどの部分で分かれるのかわかりやすい昆虫は，アリやトンボです。アリはどこにでもいて捕まえやすいですが，観察するには小さいのが難点です。トンボは観察しやすいですが，捕まえにくい地域があるかもしれません。チョウを育てていれば，チョウで調べることも可能です。

まずは，頭・胸・腹の区別がしやすい昆虫で観察をして，それぞれの特徴をつかみます。この特徴をつかむ活動が大切になります。頭・胸・腹を判別する手がかりになるからです。

校庭や学校の近くで昆虫採集ができる場所があれば，ぜひ活動させたいものです。昆虫とそうではない虫の区別をしながら，昆虫の特徴を再確認したり，住む環境を考えたりすることができるからです。

2 カブトムシの頭・胸・腹はどこになるか考える

　カブトムシの頭・胸・腹は、どこになるのか考えます。実際にカブトムシを見ながら考えるのが一番よいですが、なければ写真を用意します。

　カブトムシの頭は、角の付け根辺りの小さな部分だけになります。しかし、見かけで判断すると、前胸の部分を頭と間違えてしまいます。胸のくびれた部分だけを胸と考える子もいます。実際にカブトムシを見ながら考えても、実に多様な分け方をすることになります。この違いが子どもたちの問題意識を高めることになります。

　それぞれの考えの違いが明確になったところで、再度、昆虫の胸の特徴を問いかけます。昆虫の胸には6本の脚がついているという視点で、再度カブトムシの胸がどの部分になるか考えてみます。カブトムシや写真を見ながら、6本の脚がどこについているか再度確認します。そして、胸がどの部分になるかグループで議論をして、結論を出します。

　カブトムシには2本の角があります。他のカブトムシや昆虫と戦うときに使う大きな角は、頭角といいます。もう一つの小さな角は胸角です。胸についている角なのです。脚の位置を見ても、納得できない子もいます。そういうときには、カブトムシの胸が大きい理由を考えてみましょう。カブトムシにつかまれると、なかなか放してくれません。その力強さがあるのはどうしてか考えてみるとよいでしょう。

（鷲見）

| 教材・教具ネタ | 実験・観察ネタ | 学習課題ネタ |

3年／身の回りの生物

モンシロチョウの成長過程を粘土工作しよう

> モンシロチョウを成虫まで育てたら，それまでの成長の様子を振り返って粘土工作をします。モンシロチョウを育て観察する中で，モンシロチョウについてどこまで理解を深めることができたのかがわかります。

1 観察記録をもとにして粘土工作をする

　３年生は工作や動作化することが好きです。モンシロチョウが卵から幼虫，蛹，成虫になるまでを粘土で再現してみます。粘土は，紙粘土を使えば，絵の具を混ぜ合わせてカラフルな作品になるよさがあり，油粘土を使えば何度でもつくり直せるよさがあります。モンシロチョウの卵の形，幼虫の脚の様子，蛹になるまでの様子，成虫の体のつくり等，理解を深めていないと正確に再現することはできません。

　この活動はグループで行います。一人で行っていては時間がかかりすぎます。それ以上にグループで活動すると，お互いに相談したり，間違いを指摘し合ったりして，理解を深めていくよさが生まれることになります。

2 お互いの作品を見合う

　各グループで製作した作品をお互いに見合う時間も設定していきます。作品を見合うといっても，見る視点を明確にしないと意味がありません。上手とか下手とかではなく，観察してきたことをよく表すことができているかが大切になります。下記のようなことが作品に表されているとよいです。

❶卵

　モンシロチョウの卵の形や模様の特徴が表されている。卵から出てすぐに，殻を食べる様子を観察していれば，その様子も表現されている。

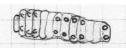

❷幼虫

　幼虫の16本の脚が正確に表されている。前脚と後脚の形の違いまでよくわかる。脱皮するところを観察していれば，その様子も表されている。

❸蛹

　幼虫から蛹になるとき，次のような過程を経て蛹になる。まず，体の周りに糸を張り，体を固定する。そして，前蛹と呼ばれる状態になる。その後，皮を脱ぎ，蛹になる。そのときの皮が蛹の下についたままになることがある。なかなかここまで詳しく観察することはできないかもしれないが，体を糸で固定していることは表現したい。

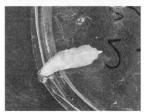

❹成虫

　蛹の殻を破って成虫が出てくると，徐々に体液を流しながら，羽を伸ばしていく。少なくとも頭・胸・腹に分かれた体の成虫になっているようにしたい。

（鷲見）

| 教材・教具ネタ | 実験・観察ネタ | 学習課題ネタ |

3年／身の回りの生物

問題を見いだすスケッチ活動

> アサガオや野菜等の栽培体験を生かして，ホウセンカの本葉やつぼみを予想します。そして，友達の考えとの違いから問題を見いだし，ホウセンカの成長に関心をもてるようにします。

1 子葉の次はどんな葉になる？

　種を植えると，芽が出てくるのが楽しみになります。芽が出ればうれしくなって，「芽が出た」と報告に来てくれる子もいるはずです。

　そこで，その子葉をスケッチします。

　それだけで終わらせず，この後に出てくる葉を予想します。その予想した葉を，子葉の横にかき，板書します。自分とは違う考えの葉が板書されることで，どんな葉が出てくるんだろうという問題意識をもつことができます。

　問題意識をもって観察すれば，子葉と本葉の形の違いや，葉が重ならないように成長していることに気づくことができます。新たな発見があるように観察を続けていきます。

ホウセンカの子葉

ホウセンカの子葉と本葉

2 どれがホウセンカのつぼみかを考える

　子葉が出る，本葉が出る，茎がぐっと伸びる頃が，問題意識をもった観察をしやすいときです。さらに，ホウセンカでは最初の実をつける頃が，観察するのによいタイミングになります。この時期は，上部にはつぼみや花，下部には実をつけている状態になります。

　ここで，ホウセンカのつぼみをスケッチするように伝えると，次のような2種類のスケッチになることが多くなります。

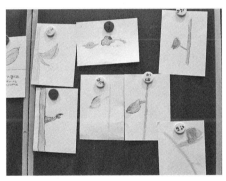
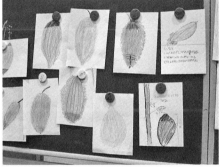

　そこで，グループごとにこの2つを取って中身を観察します。当然実の方からは種が出てくるので，実とつぼみの区別がつくことになります。そして，つぼみ，花，実という一定の順序があることを理解できるようにします。

> **ポイント**
> 　本葉やつぼみの予想を絵に描きます。その後，友達の考えと比較することができるように板書したり，貼り出したりするようにします。比較しやすいように，同じ考えのものを集めて提示するようにします。

（鷲見）

3年／身の回りの生物

はじめての虫眼鏡を使っての観察はクイズ形式で！

はじめての野外での観察は，虫眼鏡を正しく使いながら，意欲的に取り組ませたいですね。そこで，全体を観察して描くカードと虫眼鏡で拡大した部分を大きく描くカードの2枚を用意し，部分を見てどんな植物なのかを当てるというクイズができる観察カードを作成します。

1 どんなクイズにしようかな

全体を観察するカードは，色，形，大きさなどをポイントにして記録します。もちろん，虫眼鏡を使いながら，くわしく観察します。2枚目のカードは，拡大したい部分だけを虫眼鏡を使って大きく描きます。

植物全体を描いた方が答えになります

拡大して描いた方を上に貼ります

2 植物当てクイズをしよう！

　全体を観察したカードの上に，拡大した部分を描いたカードを貼り付け，どんな植物なのかを考えるクイズにします。廊下などに掲示すると，他学年にも広くクイズに挑戦してもらうことができます。

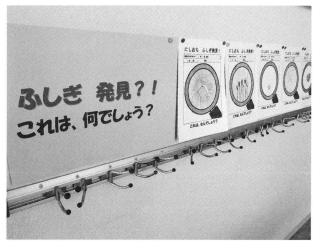

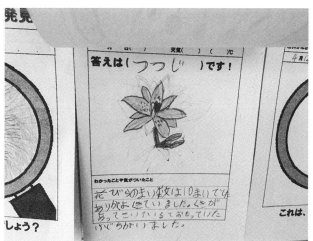

1枚目をめくると答えになります

（坂野）

| 教材・教具ネタ | 実験・観察ネタ | 学習課題ネタ |

3年／太陽と地面の様子

あれ!?　影って動いているの??

> よく晴れた日に3年生と校庭を散歩。教師はなぜか，ラインカー（石灰で白線を引く道具）を持っています。そして，散歩をしながら校庭に映る木の影，鉄棒の影，電柱の影をラインカーでなぞっていきます。校庭を一周してくると……あれ？

1 校庭を散歩しながら，影をなぞる

　よく晴れた午前中に，3年生を連れて，校庭に出ます。もちろん目的は伝えずに。教師は，白線を引く道具を持って，子どもたちと一緒にゆっくりと散歩します。影を見つけては，影の輪郭を白線で描きます。子どもたちは，そのうち，影を縁取っていることに気がつきます。なかには，教師の真似をして，足や棒で影を描く子どもも出てきます。鉄棒，電柱，樹木など，大きめの影はいくつもあります。ジャングルジムのような影はクラスみんなで描いても面白いです。校庭を一周して戻ってくると…あっ！　さっき縁取った白線と影がずれています。「影が逃げ出しているよ」などと話す子どもも出てきます。「他の影はどうかな？」教師が投げかけると，子どもたちは，縁取りをした場所に一斉に走り出して調べます。「他のところの影もずれている」ここから，問題づくりがスタートします。

2 影はどのように動いているのかな？

校庭に描いた影が、全部同じようにずれていました。よく調べてみると、ずれ方もずれの大きさもみんな同じになっています。影はどのように動いているのでしょうか。時間をおいて観察しないとわかりません。子どもたちは、休み時間を挟んで、後で見にきてみようということになりました。時間が経って見に行くと、さっきよりも大きくずれていることがわかりました。

3 影は、規則正しく動いている

影がどのように動いているのか、しっかり調べるには、どうしたらいいのでしょうか。子どもたちはみんなで考えました。「広くて、邪魔されない場所で、他の物の影にならない場所で、影の動きを測ればいいんだ」話し合いをしていくうちに、屋上で調べよう

ということになりました。長めの棒を立てて、一定の時間を置いて、記録をします。1時間おきに記録に行くたび、子どもたちから歓声があがります。同じくらいずつ動いている、時計みたいな動き、様々なことに子どもたちは気がついていきます。夕方遅くの記録は、先生が代わりにやっておくことを伝え、後日、記録を写した写真を配布します。

「先生、影の長さが変わっています」新しい疑問が生まれました。単元の終わりに、どのようにすると、影が位置や長さを変えるのかを棒と太陽に見立てた懐中電灯でやってみることになりました。そこで、太陽の高さが上がっていくと影が短くなっていきます。「そうか！ 位置だけでなく、高さも変わっているんだね」子どもたちは理解を深めていきました。　　　　　（辻）

| 教材・教具ネタ | 実験・観察ネタ | 学習課題ネタ |

4年／空気と水の性質

ビー玉がよく弾むのは水？ 空気？
ビー玉が弾むヒミツを追究!!

> 本単元では，空気でっぽうや注射器を使い，空気は押すと縮まり，水は押しても縮まないことを学びます。そこで，活用場面の問題や発展実験として，簡単にできて楽しい教材を紹介します。

1 ラップで空気を閉じ込めた容器にビー玉を落とすとどうなるか

❶理科室にある円形水槽の口をラップフィルムでおおう

ラップフィルムは，ぴんと張った状態になるようにします。円形水槽の中にラップフィルムで空気を閉じ込めたことになることを確認します。

❷ラップフィルムに落ちるように，上からビー玉を落とす

はじめにビー玉がどうなるか予想させます。多くの児童の予想通り，勢いよくビー玉が弾む様子が観察できます。

2 ラップで水を閉じ込めた容器にビー玉を落とすとどうなるか

❶同じ容器に水を満たし，ラップフィルムでおおう

空気を閉じ込めた場合と，ビー玉の弾み具合を比較できるように，円形水槽を2つ用意するとよいでしょう。

❷ラップフィルムに落ちるように，同じ高さからビー玉を落とす

空気に比べてどう変わるか予想させます。ほとんど弾まない様子が観察できます。鉄や木の玉など，落下させる素材や大きさを変えても面白いです。

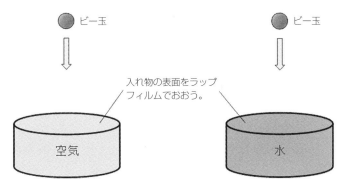

3 なぜ，空気を満たした容器に落としたビー玉は勢いよく弾むのに，水を満たした容器に落としたビー玉は弾まないのか？

　空気は，押し縮めることができますので，落ちてきたビー玉に押されたフィルムは一瞬引き延ばされ，もとの状態に戻ろうとする力が働きます。この力がビー玉を押し返し，ビー玉は勢いよく弾みます。

　いっぽう，水は押し縮めることができませんので，フィルムは引き延ばされません。したがって，もとの状態に戻ろうとする力，つまり，ビー玉を押し返す力が働きませんから，ビー玉は弾まないのです。家庭でも簡単に実験することができますので，活用問題として考えさせ，自分で実験して確かめさせてもよいです。

　予想通りの結果になったとしても，ビー玉の弾み方の違いが予想以上に大きく，驚くことでしょう。特に，水を満たした容器に落としたとき，ビー玉がドスッとした感じで，ほとんど弾まない様子は興味深いことです。家庭で実験に使う容器は，口がある程度大きな調理器具や洗面器，バケツなどを使わせるとよいです。

（尾崎）

【参考文献】
・日置光久・村山哲哉編著『子どもと楽しむ理科実験　小学校４年生向け』ぎょうせい

4年／金属，水，空気と温度

気体・液体・固体の不思議に迫ろう

> 「金属，水，空気と温度」の学習では，「物の温まり方」と「物の体積変化」については，3つの物質を扱うが，「三態変化」では水のみを扱うことが多いです。そこで，他の物を温めたり，冷やしたりするとどうなるのかという問題をもとに授業を展開します。

1 水に何かを混ぜて温めたり，冷やしたりしてみよう

　水を温めたり，冷やしたりした学習後の振り返りで，「他の物を冷やしてみたい」「お茶とか塩水だとどうなるのかな」等の，疑問が出ることがあります。そこで，「水に何かを混ぜて温めたり，冷やしたりするとどうなるのだろうか」という問題をもとに実験を行います。

　予想では，「何かを混ぜると凍りにくくなって，低い温度にしないと凍らないのではないか」「塩は凍らせるときに使うから，凍る温度は水より低いのではないか」「砂糖水は，反対に高い温度でも凍るのではないか」等が出されます。

「水と比べると，どうかな」
「お茶は水とあまり変わらないみたいだね」
といったつぶやきが聞こえた

2 結果をグラフに表してみよう

一つのグラフに，水と水に何かを混ぜたものとを一緒に表すことで，比較しやすくなり，共通点や差異点に目を向けることができます。

水の凍り方とあまり変わらないが，塩水は，水より少し凍る温度が低いことに子どもたちも気がつきます。

3 いろいろな物の三態を調べよう

水以外の物も温めたり冷やしたりすると固体，気体，液体に姿を変えるのでしょうか。

「ドライアイスは，固体から気体に変わるね」「鉄はどうかな」「ろうは，固体から液体，気体に姿を変えるね」と言いながら，調べていきます。

ただ，実際に調べることができるものは限られてくるので，映像資料などを参考にするとよいでしょう。

(坂野)

4年／金属，水，空気と温度

子どもの疑問から問題解決を連続させる「水の三態変化」の学習

問題解決した後の素朴な疑問を見とり，それを価値づけながら，次の問題解決に進んでいくようにします。すると，子どもたちがより主体的な姿勢で取り組み，学習を深めることができます。

1 水を熱し続けると，水温はどこまで上がるのだろう？

フライパンの上で水を熱すると，水温がどんどん上がります。ここで，温度計を水から出し，水が沸騰する様子を観察します。このとき，何度まで温度が上がっているのだろうかと投げかけると，水温は100℃までしか上がらないという知識をもっている子も考えが揺らぐことになります。もしかしたら，110℃ぐらいまでなら上がるのではないかと考える子も出てくるのです。

それでも実際に実験を行うと，水温は，いくら熱しても100℃以上にはならないことがわかってきます。100℃になると，水蒸気の泡となって空気中に逃げていくからではないかと考える子も出てきます。泡は，水中の空気で，温度が上がらないこととは関係ないという子もいます。その場面を教師は取り上げ，沸騰したときの泡は水蒸気なのか，空気なのかという問題として価値づけていくようにします。

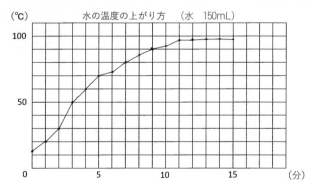

2 沸騰して出てきた泡は水蒸気か空気か？

「沸騰して出てきた泡は水蒸気か空気か」という新たな問題について，ビニール袋に泡を集めて，泡の正体を確かめることにしました。結果として，ビニール袋に水滴がつき，火を止めると袋が縮んで水が溜まったり，フラスコの水の量が減ったりしていく様子を観察することができます。

この結果から，泡の正体は水蒸気であると結論づけることになります。それでも，液体から気体へ変化することをすんなりと納得できる子ばかりではありません。水が蒸発することはわかっていても，その場面を目にするというよりは，水が減っていることで蒸発したととらえていることが多いからです。

3 液体が気体になる様子を見ることができるのだろうか？

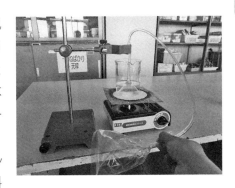

「液体が気体になる様子を実際に見ることはできないのだろうか」という問題に対する解決方法を見つけることは難しいことです。泡という状態になると，どうしても水中の空気をイメージしてしまうからです。

そこで，水ではなくて，アルコールランプのアルコールを使います。理科室の机の上に，アルコールランプのアルコールを垂らしてみます。指でのばすと，アルコールはあっという間に消えていきます。この様子を学習前ならば，消えると考えてしまうかもしれませんが，三態変化を学習した後です。液体が気体になったと判断することができるはずです。

（片桐）

【引用・参考文献】
『子どもと創る理科の学び～全単元実践資料～』横浜市小学校理科研究会（2012）

| 教材・教具ネタ | 実験・観察ネタ | 学習課題ネタ |

4年／金属，水，空気と温度

試験管の向きを変えても，空気は膨らむの？を確かめる実験の工夫

> 本単元では，試験管をお湯の入った容器に入れると石鹸水の膜が膨らむ実験を扱います。しかし，児童は試験管の向きを変えると膨らまなくなると考えることがあります。これを確かめる実験の仕方を紹介します。

1 試験管を下向きにしても石鹸水の膜は膨らむの？

❶試験管を上向きで実験したときに石鹸水の膜が膨らんだ理由を考える

この実験結果から，児童が「試験管の中の空気の体積が大きくなったからだ」ととらえるかというと必ずしもそうではありません。

「空気が熱いところから逃げたから」「軽くなって上に行ったから」など，同じ実験結果を得ても，様々なとらえ方をします。イメージ図を描かせるなど，試験管の中の空気の変化に着目させて説明させます。

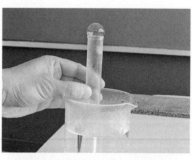

お湯の入った容器に試験管を入れたとき

❷実験器具をつくっておく

実験器具を教師があらかじめつくっておいて提示すると，「試験管を下向きで温める」という意味を児童はイメージしやすくなります。

工程❷の様子

(1)ペットボトルを切ったもの，ペットボトルの内径とほぼ等しい外径の試験管，ビニールテープを用意します。
(2)お湯が漏れないように，ペットボトルの口の内径にぴったりになるまで，試験管にビニールテープを巻きつけます。
(3)試験管を通し，外側からもビニールテープを巻きつければ完成です。

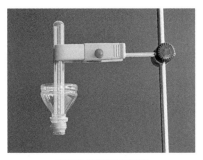

下向きで実験する器具

❸実験して確かめる

　シャーレに石鹸水を入れて試験管の口に膜をはり，ペットボトルの切り口からお湯を注ぐと，石鹸水の膜が膨らむ様子を観察できます。実験する前に，上向きのときの考えをもとに実験結果を予想させるとよいでしょう。

2 試験管を横向きにしても石鹸水の膜は膨らむの？

　上記❷と同じ素材，同じ要領で横向きの実験器具をつくることができます。ペットボトルにお湯を出し入れする穴の位置を変えればよいのです。例えば，ペットボトルの横に穴を空ければ，試験管を横向きにして温める実験をすることができます。

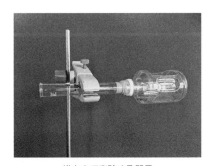

横向きで実験する器具

　また，切ったペットボトルを試験管に付ける位置を変えれば，熱する位置を工夫することができます。また，スタンドに固定する仕方を工夫すれば，角度（斜め下向き，斜め上向き等）を変えることもできます。　　　（尾崎）

【参考文献】
・日本初等理科教育研究会著「アクティブ・ラーニングの授業展開小学校理科」東洋館出版社

4 年／金属，水，空気と温度

空気の温まり方も色の変化で！
示温インクの活用法!!

> 金属・水の温まり方では視覚的に温まり方をとらえることができる教材（ろう，示温インク等）があるのに，空気は困ったなという経験はありませんか。そんなとき，示温インクを使って調べられる方法があります。

1 サーモひもをつくろう

❶たこ糸を示温インクに漬けます
たこ糸全体が示温インクに漬かるようにして，染み込ませます。

❷示温インクからたこ糸を取り出し，干して乾かします

❸乾いたら「サーモひも」の完成です

2 空気の温まり方を調べよう

❶用意するもの
　・サーモひも
　・白熱球（60W）
　・コード付きソケット
　・透明ケース（飼育容器：23×15×17cm）

❷サーモひもをセロテープで透明ケースに貼り付けます
このとき，サーモひもが直接白熱球に触れないように注意します。

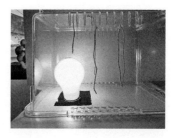

❸白熱球のスイッチを入れ点灯させます

　熱源の位置を調整するために，白熱球の部分だけ切り抜いた箱を台に使用するとよいです。

❹サーモひもの色の変化を観察します

　白熱球（60W），透明ケース（飼育容器：23×15×17㎝）を使用すると約１分〜３分でサーモひもの上の方からピンク色に変化していき，上から温まっていく様子がよくわかります。

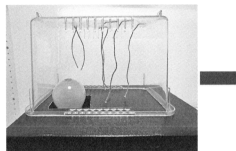 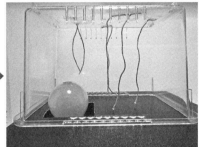

3 演示用で大きく見せる

　上で紹介した実験は１班１実験を想定したものですが，さらに大きく演示実験に使用するには，右のような方法もあります。

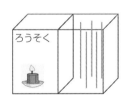

ガラス水槽２個を立てて合わせ，片側にサーモひも

4 その他の方法

　熱源には，白熱球以外に電熱線やはんだごてなどで代用することも考えられます（40℃近くで色の変化する示温インクを使用しています）。

　示温インクは，たこ糸だけでなく，布などに染めて利用することもできます。また冷めると色がもとに戻り，何度でも使用することができます。

　サーモひもを横に張ったり格子状に張る等工夫してみるのもよいでしょう。

（木月）

| 教材・教具ネタ | 実験・観察ネタ | 学習課題ネタ |

4年／金属，水，空気と温度

温められた水はどうして上へ移動するのか調べよう

> 水を温めると上から全体が温まる，という現象を観察して水の温まり方を理解するだけではなく，「重さ」に着目して水が上へ移動する理由を考えさせることで深い学びにつなげていきます。

1 水の温まり方から問題を発見する

図のように，観察した様子を画用紙に描くように声をかけます。すると「もう一度，水が温まる様子を見たい」と児童に再び現象を見直したいという願いが強くなります。

2回目の観察では「温まった水が上に上がって，上に溜まっていく。それ

サーモインクで温まり方を観察

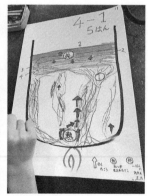
水の温まり方をイメージ図で

が徐々に下がっていって全体が温まるようだ」という現象に全員が気づき，水が上昇する理由を調べたくなります。

2 温かい水が上昇する理由を調べる

問題を把握した後，60度のお湯に墨汁を入れたお湯墨汁の入ったビンにアルミ箔でふたをして，水を入れた水槽に沈めます。お湯墨汁のふたに竹串で

穴を開けると墨汁が上に上がっていきます。もしくは，お湯墨汁と水墨汁を用意し，スポイトで1滴ずつビーカーの水に滴下します。すると，お湯墨汁は水の中で上に上がり，水墨汁は水に沈みます。これを観た児童は不思議だと感じることでしょう。

お湯墨汁が上がる様子

　そして，なぜ温かい湯だと水の中で上昇するのか考える意欲が高まるように，発問をし，みんなで考えます。感性の鋭い児童は，お湯は水よりも軽いのではないかと考えます。それを調べるように声をかけると，児童は水とお湯（50～60度）をペットボトルなどに同体積で取り，重さ比べの実験計画を立てます。重さを量ると，500mLのペットボトルで約10g，湯の方が水よりも軽いことがわかります。

　その現象を「ものの温度と体積」の学習から考えることにより，どうして上から水が温まるのか説明することができるようになります。こうして，水が上昇する理由を説明できると深い学びにつながるでしょう。

----- ポイント -----

　水の温まり方の学習で熱源から温められた水は，周りの水と比べると軽くなって上へ上がり，それが溜まっていくことで水は上から全体が温まっていくという見方や考え方を身につけておきたい理由がもう一つあります。それは，水の温まり方の学習をしっかりしておくと，空気の温まり方でも同じように主体的に追究し，上から温まる理由を考えるようになります。すると，金属は動けないから温かさが伝わっていく，水や空気は移動することができるものだから，温められたものが周りよりも軽くなって上へ上がり，上から温まるという認識ができ，深い学びとなっていきます。

（渡辺）

2章　子どもの思考をアクティブにする理科ネタ帳　61

| 教材・教具ネタ | 実験・観察ネタ | 学習課題ネタ |

4年／電流の働き

活性炭電池をつくって，電池をもっと身近なものにしよう！

電池を活用して学習しているのに，電池の中は児童にとってブラックボックスそのものです。そこで，活性炭などを使って電池をつくり，電池が身近に感じられると知的好奇心が高まります。

1 活性炭電池をつくる理由は…

金魚の水槽や社会科の浄水場見学で見た，水をきれいにする「活性炭」は身近なものです。この活性炭を活用して電池をつくることで児童は感動を味わうことができます。この自作の電池は市販されている乾電池と同じ性質を示します。

自分たちオリジナルの電池を使うことで知的好奇心をもって追究し，電池の直列つなぎ，並列つなぎの特徴を児童は理解しやすくなります。また，この電池を使い終えると中がさびているので，電池のエネルギーが消費されていく様子も観察できます。

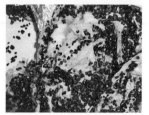

2 活性炭電池のつくり方

(1) アルミホイルを約20cm四方に切ります。
(2) その上に(1)より少し大きめのクッキングペーパーをのせます。
(3) クッキングペーパーに飽和食塩水を適量かけます。

(4) 右の写真のようにスプーンをのせます。

(5) 100円ショップやペットショップなどで活性炭を手に入れ，スプーンの上にたっぷりのせます。

(6) 活性炭をスプーン周辺にも敷き詰めるようにのせます（重さを量っておきましょう）。

(7) その上に静かに飽和食塩水をかけます。

(8) アルミ箔，クッキングペーパーでスプーン，活性炭を包み，食塩水が漏れないようにチャック付ビニール袋等に入れます。

(9) スプーンの辺りを手で押したり，ゴムで縛ったりして，電極同士がぴったり接触すると接続したモーター等が動作します。

条件にもよりますが，約1Vの起電力があるので，光電池モーターや低電圧LED，電子オルゴールは動作します。ここで，スプーンとアルミ箔が接触するとショート回路になるので注意が必要です。

・・・・・・ ポイント ・・・・・・

光電池モーターを活用すると，4年生でも24時間以上動作する電池がつくれます。電池としての働きが終わった後，中を見ると，スプーンがさびていたり，アルミ箔に穴が空いていたりしていて「電池反応」がはっきり見られます。このような現象を観察することで，電池がもつエネルギーには限りがあるという見方ができてきます。

電池はどうしたら長もちするか？

自由研究のように，食塩の量，活性炭の量，スプーンの長さ，素材などを変えるなど，工夫次第で追究の幅が広がります。

(渡辺)

| 教材・教具ネタ | 実験・観察ネタ | 学習課題ネタ |

4年／人の体のつくりと運動

動物と比較することで
人の体の巧みさを実感しよう

> 2足歩行するダチョウが人よりも速く走ることができる理由を調べ，足のつくりの共通点や相違点を分類し，人の巧みな体のつくりを理解できるようにします。生活環境と体のつくりにも着目したいところです。

1 自分の体と資料を活用しよう

写真のように，本単元の学習では，自分の体に触り，人の骨格標本，レントゲン写真の観察，そして，骨や関節，肘を曲げるときの筋肉の様子などを模型作製等によって追究します。最後に，ダチョウと人のかかとの部分の模型を触りなが

単元を通して，資料の観察や模型づくりを繰り返すことが資質・能力の育成につながる

ら考えさせます。模型は教師が割りばしと輪ゴムで手本を作製しておき，ダチョウの足と人の足の模型を2人でそれぞれ1つつくらせます。友達と模型を触りながら，ダチョウの足が人よりも速い理由について根拠をもった予想を立て，「陸上選手のように太腿の筋肉がダチョウは多いから人よりも速く

走れる」「人は小回りが利く体のつくり」など，多くの気づきが得られます。

2 模型でダチョウと人の足を比べる

あらかじめ動物園で撮影したダチョウが走る姿を見せると，児童は「なぜダチョウは2本足なのに人よりも速く走れるのか」と問題を見いだします。「ウサギのようにかかとから先が長く，跳ねるように走れるからではないか」「陸上選手のように足の筋肉が多いからではないか」と既習事項を根拠に理由を予想して，追究していきます。

人と動物の体を比べることで，人は人で巧みな動きができ，動物は生活環境に合った体のつくりをしていることに気がつくよう，話し合いをまとめていくことができます。

ポイント

本時の前に児童は，学校で飼育しているウサギを触り，ウサギの体のつくりについて調べるとよいでしょう。その中で「2本足で，人より速く走れる動物はいるのか」と教師が発問すると，ダチョウを特定し，短距離走が速い陸上選手と比較します。足が速い理由を理解させたいのではなく，あくまで人の体のつくりが非常に巧みであることに気づかせることが重要です。

（渡辺）

| 教材・教具ネタ | 実験・観察ネタ | 学習課題ネタ |

4年／季節と生物

秋から冬にかけても植物は生きている

> 春から継続して観察してきた植物も，秋になると成長がとまり，やがて枯れ始めます。植物は温度が高くなると大きく成長し，温度が低くなると成長がにぶくなるということを学びます。しかし，気温が低くなる季節でもいろいろな形で命をつないでいる植物の存在に気づかせ，植物の多様な姿にも目を向けさせたいと考えます。

1 秋に種をまく植物は，あるのかな

ヘチマやツルレイシを育てていると，実が地面に落ち，こぼれ種から芽を出すことがあります。

「秋なのに，芽が出ているよ」
「このまま，育つのかな」
「これから種をまく植物ってあるのかな」

いろいろな疑問をもとに問題をつくり，解決していきましょう。種を残して冬を迎える植物もあれば，秋に種をまき，寒い冬を越す植物もあるという植物のいろいろな姿にも着目させたいと考えます。

種をまいていないのに，芽が出ている

2 植物は,どのように冬を越しているのかな

　緑色の葉をつけたままで冬を越す植物もあれば,落葉樹のように一見枯れたように見えても冬芽がつくられ,寒い冬を乗り切る植物もあります。また,ロゼット状に葉を広げ,地面にぴったりと貼り付き,寒さをしのいで冬を越す植物もあります。冬の野原や公園に出かけ,植物の冬越しの姿を観察してみましょう。

葉が広がっていて,日光を受けやすい

地面に貼り付いていると,風が当たりにくい

寒いときから春に芽を出す準備をしている

(坂野)

4年／雨水の行方と地面の様子

自然蒸発の要因を数値で比較

> 掃除の後の濡れた雑巾。温めたわけでもないのに，次の日には乾いているのはなぜでしょうか。日光？ 風？ 子どもの生活から生まれた身近な疑問を解決することから，自然界の水の変化について考えます。

1 雑巾が乾くのはなぜだろう

　水の三態変化や温度と体積について学んだ子どもたち。掃除の後の濡れた雑巾は，温めていないのに乾いていくことに気がつきました。
　乾いたということは水が蒸発したということ。でも，加熱していないのに，なぜ蒸発したのでしょうか。
　蒸発した理由について仮説を立てると，主に次の2つが挙がりました。
　①日光が当たって温められたから蒸発した
　②風が当たって水が蒸発した
　これらの仮説を追究するために，雑巾の乾き具合を重さの変化を量りながら，比較実験を行うことになりました。

2 風が当たるとよく乾く！

　風が蒸発に関係しているかどうかを実験で調べるにあたり，濡らして絞った雑巾の重さを量り，一方には送風機で風を当て，もう一方は風を当てないようにします。
　30分後に重さを測ったところ，風を当てなかった方は2〜4g程度しか乾かなかったのに対し，風を当てた方は30〜40g程度乾きました。

このことから，子どもたちは雑巾に風を当てた方が早く乾くと結論づけました。

3 どうして風が当たるとよく乾くのだろうか

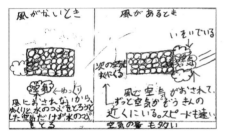
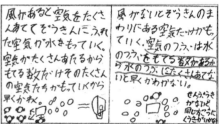

これまでの学習の中で，どこの空気にも水（水蒸気）はあるということから，「空気の粒と水の粒は仲がよい」と考え，水蒸気は空気の粒が水の粒をもったものであるととらえていました。

今回の実験を通して，「空気の粒には水をもてる数が決まっている」「風があると新しい空気がたくさん当たるから水をたくさん連れていく」として，風と蒸発の関係について考察することができました。

これは，飽和水蒸気量の考えにつながる重要な視点であり，その後，もてなくなった水は雨として降ってくるという考えにつながっていくことになります。

(西田)

4年／天気の様子

気温から天気を考える

> 天気は，晴れや雨が一日中続かないこともあり，晴れや雨の典型的な気温変化をする日ばかりではありません。気象庁のホームページに掲載されている気温変化のグラフから，天気を予想してみます。

1 一日の気温変化を調べる

　天気によって，気温変化は大きく異なります。一日中晴れた日は，気温差が大きいですが，雨の日の気温差はほとんどありません。それでも，その気温差をイメージできていない子は多いので，まず一日の気温を調べます。

　各時間の気温を調べたら，折れ線グラフにします。このときに注意したいのはグラフの縦線の目盛りです。この目盛りの取り方によって，あまり変化しない気温でも，大きく変化しているように錯覚してしまいます。

　右のグラフは，一日中雨の日のグラフですが，午前9時から午後3時まで，全く変化していないわけではありません。縦軸の目盛りの間隔を大きくしてしまうと，気温も大きく変化しているように感じてしまいます。

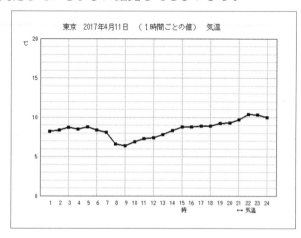

2 一日の気温グラフから天気を予想する

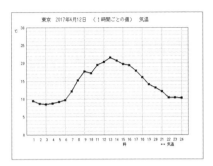
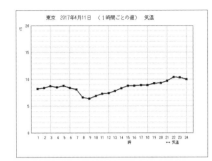

　上のグラフは，一日中晴れた日の気温変化と一日中雨の日の気温変化です。しかし，実際の気温はもっと複雑な変化をします。その気温変化から，その日の天気を予想してみます。気象庁のホームページには，過去の気温データが公開されています。一日の気温がグラフで示されているので，とても利用しやすいです。気温と同時に降水量と日照時間もグラフ化されているので，予想した後，実際にどのような天気だったのかもわかります。

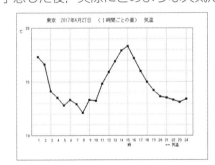
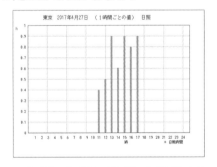

　天気と気温の関係をしっかり理解していれば，気温から天気を予想することができます。逆に，日照時間と降水量から，その日の気温を予想することもできます。

(鷲見)

【出典】
気象庁ホームページ（http://www.data.jma.go.jp/obd/stats/etrn/index.php?prec_no=44&block_no=47662&year=2017&month=4&day=11&view=）

教材・教具ネタ　　実験・観察ネタ　　学習課題ネタ

4年／月と星

夏の大三角を観察して星座早見をつくろう

星観察を授業中に行うことはできません。家で観察してくることになりますが、どうしても観察記録があいまいになります。そのことを利用した問題解決活動を通して、夏の大三角の動きについて理解を深めます。

1 夏の大三角を観察して記録する

夜でも明るい地域では見ることができない星もありますが、夏の大三角であれば、ほとんどの地域で観察することができます。そこで、前の日に家で特に明るく見える3つの星（夏の大三角）を記録してくるように伝えます。

授業では、まずそれぞれが観察してきた夏の大三角を紙に大きく描いて、黒板に貼ります。

すると、同じ星を観察してきているはずなのに、様々な夏の大三角が出てくることになります。多様な形が出てくる原因は、観察時間の違いと観察記録ミスです。

この違いが子どもたちの問題意識を高めることになります。ここで「正しい夏の大三角の記録はどれだろう」という問題を板書します。

2 どれが正しい夏の大三角になるのか考える

　夏の大三角は，形は変わりませんが，時間が経つと回転するように移動します。それで，東の空で見るのと南の空で見るのとでは違った形に見えることになります。明らかに観察記録ミスのものは，話し合いで誤りだと結論づけることができますが，この2つの観察記録についてはそうはいきません。

　そこで，星座早見を活用します。星座早見の月日と時間を合わせる操作は意外と簡単で，子どもたちもすぐにできます。しかし，東の空を見たいときには，星座早見の東を下にして，そのまま持ち上げて見るということを理解できない子がいます。星座早見を使う上で，一番指導したいところです。

　星座早見を使って夏の大三角を調べると，時間の経過に伴い，東の空から南の空へ回転するように移動する夏の大三角の姿が見えてきます。

　さらに理解を深めたい場合は，手づくり星座早見をつくることも考えてみてください。夏の大三角だけに絞って星を描くと，その動きを理解しやすくなります。

　つくり方は，画用紙で2枚の円をつくります。1枚は星が見えるように円盤状に切り抜き，OHPシートを貼ります。もう1枚に夏の大三角を描き，2枚の円の中心をピンで留めれば完成です。日時まで指定することはできませんが，星の動きを理解することはできます。自作の星座早見づくりは，子どもたちにとって楽しめる活動になります。

(鷲見)

教材・教具ネタ　　実験・観察ネタ　　学習課題ネタ

5年／物の溶け方

宝石づくり
―ミョウバンの結晶を"置き式"で完璧な正八面体に育てる―

> 本単元では，物をより多く溶かす方法を学びます。その逆の発想をすることで，ミョウバンの結晶を育てることができます。児童でも一つの結晶を美しい正八面体に大きく育てられる方法を紹介します。

1 結晶を大きく育てるときに「やってはいけないこと」は何かを考える

結晶を育てたいときは「水溶液の温度を上げてはいけない」「水を増やしてはいけない」ことに気づかせます。そして，大きく，形よく育てるには「ゆっくり育てる」ことを教えます。蒸発乾固にかける時間を変えた実験を単元の中で経験していれば，児童に気づかせることができます。

2 結晶を育てる作業手順を知り，1日1回，3分程度の作業を繰り返す

❶カリウムミョウバンの飽和水溶液をペットボトルで1人1本ずつつくる

1.5Lに190gの割合で，カリウムミョウバンを熱いお湯で完全に溶かし，3〜4日間放置します。ときどき振って刺激を与え，結晶が出てくれば完了です。

❷材料と用具の準備（●児童1人あたり，○1グループあたり）

●種にする結晶（粒状カリウムミョウバン）1粒，●結晶を育てるための底が平らな容器2個（結晶の成長に合わせて次第に大きいものに交換します），●きれいな雑巾1枚，○送風機（結晶の成長を促進できます）1台，○ろうと1個（ペットボトルに前日の水溶液を戻すのに毎日使用します）

❸作業手順
　(1)前日の水溶液の中から，結晶を取り出す（余計な小さな結晶がくっついていたら，指の腹やカッターナイフでこすり落とします）。
　(2)乾いた容器に，育てる結晶の最も面積の小さい面が下になるように置く（結晶が水溶液に触れている部分が育つので，容器の底に触れる面の面積が大きくなります。結晶を正八面体にするための大切なポイントです）。
　(3)ペットボトルの中の水溶液を，育てる容器に静かに注ぎ入れる。結晶の上面よりも，1〜3cmくらい上が液面になるように入れます。
　(4)前日の水溶液と自然にできた小さな結晶を，ペットボトルに戻す。
　(5)前日使った容器を水で洗い，きれいな雑巾で拭いて，乾かしておく。
※1　休日など，作業ができないときは，結晶を水溶液から取り出します。
※2　長期間作業を止める場合や終了するときは，結晶が曇らないように，チャック付きビニール袋などの密閉できる容器内に保管します。

3 その他の工夫・活用問題

カリウムミョウバンでつくると無色透明の結晶になりますが，クロムミョウバンを用いると濃い紫色の結晶になります。また，この2つの飽和水溶液の混合具合でアメジストのようなうすい紫色の結晶をつくることもできます。また，途中でカリウムミョウバンの水溶液に変えれば，中身が紫色で外側が透明な二重の結晶になります。二重の結晶を提示し，そうなる理由を考えさせれば活用問題にもなります。

（尾崎）

【参考資料】
・山田芳子「寝かせ式ミョウバンの結晶育成法（鈴木栄作氏考案）」仮説実験授業研究会資料

| 教材・教具ネタ | 実験・観察ネタ | 学習課題ネタ |

5年／物の溶け方

顕微鏡を使い，食塩が溶ける，析出する瞬間を観察しよう！

導入で食塩など身近な物の溶ける様子を観察します。その後，顕微鏡で食塩が溶けて見えなくなる様子を観察すると，溶けた食塩の行方を追究する意欲が高まり，主体的な学びへとつながります。

1 顕微鏡で溶ける様子を観察する

導入でシュリーレン現象を観察した後に，1粒の食塩を水に落とし溶ける様子や，顕微鏡で食塩が溶けて見えなくなる様子を観察します。導入ではお茶パックなどに食塩を入れて観察しても，パックのせいで溶ける様子が見えにくいです。そこで，食塩をパックから出してビーカーで溶ける様子をしっかり見せます。そして，顕微鏡ならよく見えるかもしれないというつぶやきを引き出し，食塩が水に溶ける瞬間を調べてみたいという意欲を高めます。

2 析出する様子も観察しよう

授業を重ねる中で，食塩が析出する様子も顕微鏡で観察しましょう。食塩の飽和水溶液をスライドグラスに薄く塗り，顕微鏡で観察中にドライヤー等

で乾かすと食塩が析出する様子を観察できます。

　観察した結果を記録するだけでなく，考察として結果をもとにして言葉やイメージ図で表し，それぞれ観察した結果から考えたことを共有できるよう工夫します。様々な活動を繰り返し行う中で，イメージ図がどのように変容していくのか見ていくことも大切です。

　細かいところまで観察し，言葉や図で考えを表現し，話し合う。普段の授業に加えてこのような学習を行うことにより，児童は水の中で食塩が見えないくらい小さくなっていると考えることができるようになっていきます。

------ ポイント ------

　導入の段階でシュリーレン現象を観察することがあると思います。その際，活用する道具にはメリット，デメリットがあるので，児童の実態やねらいに合わせて道具を選ぶとよいでしょう。

　（例）トールビーカー，1.5Lのペットボトルなど

トールビーカー
○現象を観察しやすい。
●数が足りない場合が多い。

炭酸飲料の1.5Lペットボトル
○手に入りやすく加工しやすい。
●高さが低い。

（渡辺）

教材・教具ネタ　　実験・観察ネタ　　**学習課題ネタ**

5年／振り子の運動

振り子の綱渡り？
振り子が伝わる性質

> 本単元では，振り子が1往復する時間は，おもりの重さや振れ幅によっては変わらないが，振り子の糸の長さによって変わることを学びます。そこで，学んだことを活用して考える興味深い現象，共振の実験を紹介します。

1 振り子の運動は伝わることを知る

❶実験装置をつくる

AとBの振り子の糸の長さを等しくしておきます。横向きの糸はスタンド等に固定しておきます。このとき，横向きの糸はあまりピンと張らない方がよく共振するので加減して試してみてください。

❷振り子の運動が伝わる現象を演示する

Aのおもりだけ振らせます。すると，Bのおもりが次第に振れ出します。この現象を共振といいます。Aの振り子の振動が横糸を伝わってBの振り子を振らせるのです。しばらくすると，Aは止まり，Bが大きく振れる状態になります。それだけではありません。さらに注意深く観察を続けると，今度はBの振れ幅が小さくなり，Aの振れ幅が大きくなります。振動が繰り返し行ったり来たりするような不思議な現象を観察することができます。

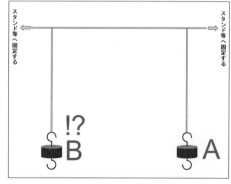

Aのおもりを振るとBのおもりが共振する

2 活用問題「Aの振り子を振らせたとき，B・C・Dの振り子はどうなるかな？」

❶実験装置をつくる

AとCの振り子の糸の長さは等しくしておき，BとDの長さはそれと異なるようにしておきます。

❷活用問題を提示する

学習内容を振り返りながら予想させます。実験結果を見せてから，どうしてそうなるのか，理由を説明させてもよいでしょう。Aを振らせると，Cだけが振れ出し，先ほどと同じ共振現象を観察することができます。

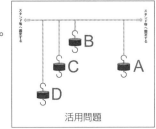
活用問題

3 その他の活用問題や教材

「Aのおもりの数を増やしたらどうなるかな？」「A・B・Cを同じ長さにしてDだけ長さを変えたら？」など発想次第でいろいろな活用問題をつくることができます。また，単元の導入にも使える，共振を利用した「ふしぎな振り子」があります。1本の棒に結ばれた振り子なのに，振らせたいと思う，任意の1つの振り子だけを大きく振らせて，他のおもりは動かない，という不思議な現象を楽しむことができます。

理由を説明させれば活用問題にもなります。

（尾崎）

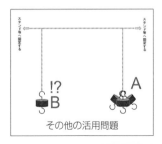
その他の活用問題

ふしぎな振り子

【参考文献】
・日本初等理科教育研究会著『アクティブ・ラーニングの授業展開小学校理科』東洋館出版社

5年／振り子の運動

正確に周期がわかれば実験がもっと楽しくなる

> 本単元の学習では，振り子に興味をもち実験したときに，振り子の周期を正確に出すことが難しいと感じています。そこで，児童が振り子に興味をもち，正確に周期を求めることができるようにしてみましょう。

1 振り子に興味をもつための工夫

「振り子とは」と話を進めるのではなく，歴史の話から学習を行い，振り子の等時性（周期が変わる条件）に目を向けたくなるような導入を行います。

> 昔，ガリレオ・ガリレイ（テレビドラマ等の影響で全員が名前を知っている）は日曜日教会に行き，お祈りをするのも忘れ，天井にあった風に揺れるシャンデリアをずっと眺めていました。そこで，あることに気がつきました（たくさん子どもたちはつぶやく）。そう，振れ幅によらず，1往復する時間は同じではないだろうかと。そこで，家に帰るとすぐに実験をして確かめることにしました。

と教科書の読み物ページにある話を参考にして，理科室の天井から吊るした2リットルの水入りペットボトルをシャンデリアの代わりにして振り，興味がわくような演技を行います。これを「ガリレオ体験」と呼んでいます。児童と物語に入って問題をクリアしていくように，そして大まかな見通しをガリレオ体験からつかめるようにします。する

と児童は知的好奇心をもち，周期を調べてみたいと考えて，活動を始めます。

2 周期を正確に求めるための工夫

教科書に出ている方法で10往復の時間を計って周期を求めると，多くの場合に周期にばらつきが出ます。そこで，全員で結果をもとに話し合い，「ガリレオ体験から，重さや振れ幅が異なっても，振り子の周期は変わらないのではないか」「もっと正確に周期を測るにはどうしたらよいだろう」という問題をもたせた後に，以下のような方法を伝えます。

「何かの隙間から振り子の球が見えるようにしたら，一瞬をとらえられるのではないか。そういうクイズをテレビで見たことがあるよ」この話から，ブックエンドを2つ置いて，その隙間を10往復したときにストップウォッチを押すことにします。すると，どの班も10往復の時間

がほぼ同じになり，正確な実験を行うことができます。児童にとって，方法やその妥当性を考え，より正確な実験結果を得る手段を身につけさせることも大切だと考えます。

> **ポイント**
>
> 振り子の学習で一番困るのは，振り子が10往復する時間を測定すると，周期がばらばらになり，周期はどの条件でも変化するというとらえ方をしてしまうことです。そこで，周期を正確に測れれば「振り子の長さ」が変わったときだけ周期が変わることについて実感が伴った理解をすることができます。

（渡辺）

| 教材・教具ネタ | 実験・観察ネタ | 学習課題ネタ |

5年／電流がつくる磁力

どの巻き方が一番強い!?

　5年「電流がつくる磁力」の単元が終わりに近づいた頃，子どもたちに投げかけます。「コイルの巻き方は，人それぞれだったけど，巻き方でも電磁石は強さが変わるのかな」子どもたちからは，予想が飛び出します。この探究が条件の統制の考え方について見直すきっかけとなります。

1 いろいろな巻き方の電磁石

　電磁石の学習を行っているときに，子どもたちが作成したコイルをデジタルカメラ等で撮影しておきます。そして，その巻き方について話題にするところから，活動をスタートします。

教　師　どうしたら電磁石が強くなるかについては，わかったよね。
子ども　電池を増やせば電流が大きくなるから電磁石は強くなるし，巻き数が増えれば，電流の大きさが変わらなくても強くなることがわかった。
教　師　そうだったね。ここに，みんなが同じ巻き数でつくった電磁石の写真があるけど…。（画像を掲示する）
子ども　きっちり巻いているものと，雑に巻いているものだ。
教　師　この巻き方で，強さって変わるのかな？
子ども　同じ巻き数なら変わらないと思う。
子ども　いや，変わるでしょ。きっちり巻いてある方が強いと思う。

教　師　そうかあ，じゃあ確かめてみる価値がありそうだね。

2 実は，ここが大事。条件を揃えるという考え方

　巻き方によって，電磁石の力がどのように変わるのか考えることは，とても大切です。しかし，それよりも大切なのは，これまでの学習で使われてきた「条件を揃える」という考え方を使って，実験の計画を立てることができるかどうかです。巻き数を変えて電磁石の力を調べるときには，電流の大きさが変わらないように，電池の数を揃えたり，導線の長さを揃えたりしました。また，電流の大きさを変えて調べるときには，コイルの巻き数を同じにしました。これまで，行ってきた実験の計画を今回，どのくらい応用できるのかについて教師は，見とることが大切です。導線の長さも，電池の数も，巻き数も変えずに巻き方だけを変えます。固めて巻こうとすると，巻き数を同じにするのが難しくなります。ここが子どもたちの考えどころです。

3 そうか！　巻き方でも強さが変わるのか!!

　グループで巻き方をどのようにすると強くなるのかを考えます。コイルの両端に導線を集中させるタイプや，一か所に導線を集めるタイプなど様々な巻き方が出てきます。コイルの両端に極ができるので，そこに集中させたという理由や一か所に固めることで導線がたくさん集まるようにしたという理由など，それぞれに予想した根拠があるようです。

　実際に実験を行うと鉄片をたくさん付けたのは，コイルの端，一か所に導線を集めて巻いたものでした。やはり，100回巻きよりも200回巻きが強かったように，導線が集まった方が強くなるということです。子どもたちは，結果を分析した上で考察を行いました。

（辻）

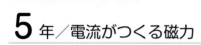

5年／電流がつくる磁力

モーターを分解してみよう

> 電磁石を利用したものにモーターがあります。モーターが回る仕組みをすべて理解することは難しいですが、モーターを分解することで、回る仕組みの一端を考えてみることの価値はあります。

1 モーターを分解してみよう

やみくもにモーターを分解するのではなく、ていねいに分解し、写真のように電池につなぐと、分解した後も電磁石の部分を回転させることができます。

ラジオペンチや小さなマイナスドライバーがあると分解しやすいですが、それがなくてもできます。先が

薄くなったもので、カバーの留め金を外すことで、外側のカバーを外すことができます。導線を固定するためのカバーがあればそれも外します。外側のカバーを外すことができたら、カバーの内側にある2つの磁石を外します。

モーターは整流子の働き、フレミングの左手の法則を理解しないと、その回る仕組みを完全に理解することはできません。それでもこれまで学習したことを使って、モーターが回る仕組みの一部を説明することができます。分解した部品を見ながら、モーターが回る仕組みを考えてみます。

2 分解したモーターを回してみよう

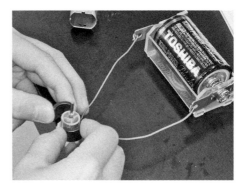

　ショートしないように気をつけながら，電磁石の軸を導線が付いたカバー部分に差し込みます（銀色のカバーだけが外れた状態になります）。
　導線を乾電池のプラスとマイナスにつなぎ，電磁石の両側からカバーに付いていた磁石を近づけると，電磁石の部分を回転させることができます。最初，コツをつかめないと上手く回せないですが，磁石をどこまで近づけるとよいかわかってくると，たいていの子が回せるようになります。
　分解する前のモーターと比べると，外側のカバーを外しただけの状態になるわけですから，回転するのは当然ではあります。それでも，回転させることができると嬉しいので，子どもたちは必死に回そうとチャレンジします。見えない磁力を感じられるよい体験にもなります。

3 電磁石に巻かれた線を取り除いてみる

　電磁石に巻かれている導線を取り除いてみると，その導線が実に細くて長いことがわかります。モーターは小さいものが多いので，小さい電磁石でより多くの巻き数を確保する工夫だと思います。
　導線が細いと電気が流れにくくなりますが，その分発熱を抑えることができます。発熱は多くの問題を起こしますから，それを抑えるのは大切なことです。少ない電流で，効率的に回転させるための工夫が，あの小さなモーターの中にたくさん詰まっているのです。

（鷲見）

教材・教具ネタ　　実験・観察ネタ　　学習課題ネタ

5年／植物の発芽，成長，結実

もし自分が花だったら？

> 植物は子孫を残すために，実に多くの工夫をしています。その自然界の巧みさに気づくことで，植物に対する興味を高めていきます。そのために，自分が花だったらどんな工夫ができるかまで考えます。

1 受粉しやすくなるためのヘチマの工夫を見つける

　ヘチマは，雌花と雄花を咲かせます。受粉しやすくするために，どんな工夫が隠されているのだろうという問題提起をして観察を行います。

　雌花の柱頭がねばねばしていること，雄花の数が多いこと，黄色い粉もあちこちに付きやすくなっていること等，多くのことに気づくはずです。

　どの花にも多くの虫がいることを見つけ，花粉を運んでいるのではないかと考える子もいるでしょう。

　この発見をみんなで共有するための話し合いを行った後に，自分が花だったら，受粉しやすくするためにどんな工夫をするのか考えます。

2 自分が花だったら受粉しやすくするためにどんな工夫をするか考える

　この活動の目的は，受粉の仕組みの巧みさに気づくことができるようにすることです。自由に発想した花を描き，どれくらいの工夫を考えることができるかに挑戦します。

　自由に発想するといっても，離れた場所を瞬間移動するというような現実離れした発想は意味がないので，現実に可能だと考えられる範囲での発想にします。

　この発想をするときに，様々な花や花粉を観察しながら行うと，より豊かな発想が生まれてきます。

　自然界の植物が，受粉の確率をより高めるためにしていることは次のようになります。この視点を示してあげることでも，子どもたちの発想を引き出せそうです。

受粉確率を高めるための主な工夫
・花粉媒介の多様性（昆虫　動物　鳥　風　水）
・雌花（めしべ）・雄花（おしべ）の形，構造
・花粉の数，重さ，形等
・媒介者を引き寄せる工夫（蜜　におい　形　大きさ　色　温度）
・開花時間　時期

　NHKのビデオ教材や書籍を調べると，受粉のための工夫がわかる資料がいくつもあります。自分たちの発想以上の植物の工夫があり，自然の巧みさに驚きを感じるほどです。

(鷲見)

5年／植物の発芽，成長，結実

植物の発芽に土は必要ないのか？

> 植物の発芽や成長に必要な条件として，土はありません。しかし，多くの人が植物を育てるために，土に種を植えます。土に植えるよさを考えることで，発芽や成長条件に迫ることができます。

1 土に植えるのと植えないのとでは発芽に差があるのか

　発芽するための条件は，水と空気と適度な温度になります。これ以外の条件である光や土は，発芽条件として必要ではないことがわかります。しかし，人は植物を育てたいとき，土に植えます。当然，より成長するためには肥料が必要なので，それを含む土で育てるのがよいことはわかります。

　それでは，発芽するためには，土はあってもなくても同じなのでしょうか。

　子どもたちが，土を入れた容器と脱脂綿の容器に種を入れて育てると，写真のような発芽状態になることがよく起こります。

　明らかに，土を入れた容器の方がよく発芽するのです。土がなくても発芽しているものもあるので，発芽条件として土が必要とはいえません。それでも，このように，明らかに土を入れた容器の方がよく発芽する理由を考えてみましょう。

　種には，嫌光性種子と好光性種子がありますが，インゲ

ンは嫌光性種子ではありませんので、光を遮ることで発芽するわけではありません。土に植えることで、発芽の3条件が整いやすくなると考えられるのです。空気は、土がないほうが豊富にありますが、土の保水性、保温効果によって発芽しやすくなると考えられます。

　土を入れた容器の方がよく発芽する理由を、発芽条件である水、空気、温度と関連させて考えられる子は、発芽の条件を深く理解しているといえるのではないでしょうか。

2 畑や花壇で植物を育てるとき、土を耕す理由を考える

　野菜を育てるとき、苗や種を植える前には、土を耕します。習慣でそのようにしている人も多いですが、学習したことを使って、耕すとよい理由を考えてみましょう。土の性質は、固相、液相、気相の三相構造で考えられます。植物が育つためには、空気や水を含むことができる液相、気相の部分が多くなるようにする必要があります。園芸資料を読むと、液相や気相の割合が、それぞれ30%はあるようにすることが理想とされるようです。

　植物の発芽にも成長にも水と空気、適温は不可欠です。その条件を整いやすくしているのは土です。土自体は必要ではありませんが、土があることで、発芽や成長のための条件が整いやすくなります。土を耕す理由を考えることは、学習したことを活用できるかを評価することができる場面にもなります。

（鷲見）

教材・教具ネタ　　実験・観察ネタ　　**学習課題ネタ**

5 年／動物の誕生

生まれる直前の等身大の自分を予想する

> 生まれるときの平均身長は約50cm，体重は約3kgになります。このときの姿をA3の紙に，等身大の大きさで描いてみます。A3の紙を斜めに使うと，50cmの長さを確保することができます。

1 生まれる直前の自分の姿を描く

　人が生まれるとき，身長はおおよそ50cm，体重は3kg程度になります。自分が生まれたときの身長や体重を知っている子も多いですが，知らない子は家で聞いてくるように伝えておきます。身長は約50cm近くになるので，A3の紙に，等身大の生まれる直前の自分の姿を描くように伝えます。

　描けたら，それらを黒板に貼り出します。ここから多くの学習課題を生み出すことができます。

　まず，身長の50cmを意識すると，どうしても50cmの長さに描きたくなります。まっすぐの状態でも体を曲げた状態でも50cmの大きさで描いた紙を教師のお腹に当ててみると，のどのあたりまでになってしまうことに気づきます。体を曲げた状態で50cmにする子は巨大な胎児になってしまうことになります。そこから子宮内の胎児の大きさを見直すことになり，さらにどのような姿勢でいることがよいのか考えるきっかけになります。

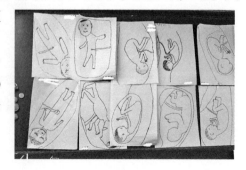

2 学習課題を生み出す

次に，へその緒に視点を当てます。胎児のへその緒がどこにつながっているのか考えるために，同じ仲間のものがまとまるように並び替えてみます。大きく分けると，次の3つになります。

①母親のへそとつながっていると考えている
②胎盤につながっている
③どこにつながっているかあまり意識していない

実際に，へその緒はどこにつながっているのだろうかという問題意識をもって調べることで，へその緒がある意味までも理解することになります。さらに，へその緒がつながっている胎盤が，実に巧みな構造をしていることがわかり，生命の神秘を感じることができるのではないでしょうか。

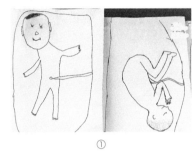

①

②

③

(鷲見)

教材・教具ネタ　　実験・観察ネタ　　学習課題ネタ

5年／動物の誕生

生まれるまでを紙芝居にする

> 自分が生まれてくるまでには，様々なドラマがあります。そこで，家族や周囲の人の期待と喜びに包まれながら母胎内で成長し，この世に誕生したことを知り，命の尊さを感じられるようにします。

1 生まれるまでを紙芝居にする

　人の誕生の学習では，へその緒や胎盤の働き，成長の過程を理解できるようにしますが，それ以上に大切なことがあります。それは，自分の命が，多くの人に期待され，喜びに包まれて誕生したかけがえのないものであることを感じることです。

　レポート形式でまとめると，どうしても各器官の働きのみをまとめてしまいがちになります。そこで，各家庭にも協力してもらい，当時の家族の心配，期待を語ってもらうようにします。そして，自分で調べたことと合わせて，紙芝居にまとめるようにします。紙芝居にまとめたら，それを発表することで，友達のことをより理解することにもなります。

　そのためにも，家族の思い，名前の由来などが盛り込まれた内容になっていることが大切になってきます。

2 紙芝居の具体例

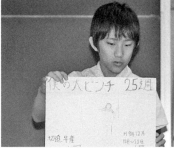

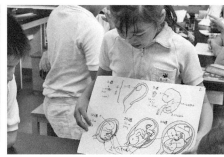

---- ポイント ----

1 　この学習は，各家庭の事情など繊細な配慮が必要になります。実態調査をしっかり行ってから取り組ませるようにします。
2 　ここで使う資料は失うと二度と手に入れることができないものになります。どんな資料も実物ではなく，カラーコピーをとって使うように指導します。
3 　資料だけではなく，家族からの聞き取りが内容を充実させます。差し支えのない範囲で，苦労したことや嬉しかったことを話してもらうように，各家庭へお願いをしておくとよいです。

(鷲見)

| 教材・教具ネタ | 実験・観察ネタ | 学習課題ネタ |

5年／動物の誕生

赤ちゃんがどのように栄養をもらっているのか調べよう

> 本単元の学習は，主体的な問題解決を行うことが難しいものの一つです。そこで，児童が「調べてみたい」と思えるような教材や活用場面の工夫について考えましょう。

1 胎盤の働きを調べる工夫

「赤ちゃんは栄養をどのようにもらっているのか」というテーマで調べ学習を行います。すると，胎盤はへその緒を通して血液と一緒に栄養を赤ちゃんに送り，不要なものを受け

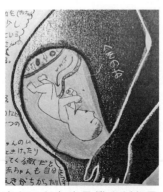

子宮内の予想

多くの児童は胎盤もへその緒も言葉は知っているが，へその緒がお母さんの胃につながっていて食べ物が胎児に届けられると予想したり，へその緒が母のへそにつながって，離れないために存在していると考えたりする子も多い。

取る働きがあり，羊水は赤ちゃんを守る働きがあることを知ります。そこで，児童に声かけを行い，「僕とお母さんは血液型が違う。献血（保健）の授業で血液型が違う血は混じったらいけないって学んだ。血液が届くのはだめなんじゃないか」と気づかせます。本学級では，28名中15名の子が「母と自分の血液型が違う」ことから，胎盤の働きを調べたいという新たな知的好奇心をもちました。そこで，胎盤が「血液の中の栄養を赤ちゃんに送っている。コーヒーを入れるときのフィルターの働きをしている」という事実を知らせ，本当にそうなのか実験で確かめます。

胎　　盤：家から持ってきたガーゼやコーヒーフィルター・ティッシュ・マスク
　　へその緒：漏斗の細い管・ゴムホース
　　血　　液：トマトをつぶしたり，こしたりしたもの・トマトジュース

　児童は予想と違う結果になっても楽しそうに実験し，試行錯誤を重ね，どのグループも血液のモデルであるトマト汁やトマトジュースを赤い液体（血液モデル）と透明な液体（栄養モデル）に分けることができます。透明な液体をなめると，「透明なのにすっぱい。トマトの味がする」と血液が胎盤で濾されて，栄養分だけ胎児に届く仕組みについて実感を伴った理解をすることができます。

2 羊水の働きを調べる工夫

　写真に示すように，豆腐を水の入ったビニール袋と空気の入ったビニール袋に入れます。両方振ると，水に入ったものは全く豆腐が動きませんが，空気を入れた方はすぐに豆腐が形を崩します。
　ただ調べるだけではなく，調べたことをもとにして実験を行うとより深い学びになるでしょう。

　　　ポイント
　教師がただ与える課題にならないように注意しなくてはなりません。そこで，「へその緒っていうくらいだから，へそにつながっているに決まっているよ」や「豆腐も水の中に入っている」という児童の素朴な考えや生活経験を引き出すとよいでしょう。

（渡辺）

教材・教具ネタ　　実験・観察ネタ　　学習課題ネタ

5年／動物の誕生

メダカの魅力を新聞にまとめる

　メダカが卵を産んだら，それを育てながら観察していきます。この観察記録をまとめて，メダカの魅力新聞をつくってみます。飼育観察を通して感じた命の神秘を表現して，友達とその思いを共有できるようにします。

1 メダカの卵の観察をする

　親メダカの飼育で一番注意することは，えさのやりすぎで水槽内の水質を悪化させてしまうことです。えさの与えすぎによる水質の悪化を防げば，全滅させてしまうような失敗はなくなります。学校でメダカを飼育する時期の水温ならば，水質の悪化さえなければ，どんどん卵を産むようになります。

　親メダカは，自分で産んだ卵を食べてしまいますから，朝登校したら卵を確認して取り出す習慣にします。ある程度の数の卵が集まったら，双眼実体顕微鏡等を使って卵の観察をします。

　卵の様子を観察した紙を成長順になるように考えて貼ると，クラス全体で卵の成長の様子を確認することができます。心臓が動いている様子，血液の流れている様子，卵の中で動くメダカの様子からは，生命の神秘を感じることができ，子どもたちの飼育や観察意欲も高まることになります。

2 メダカの卵の様子をまとめる

　親メダカや卵を育ててきて感じたことを新聞にまとめます。メダカの卵の成長だけではなく，自分が感じたメダカの魅力を中心にしてまとめるように伝えます。それを掲示して，お互いに感じた魅力を共有できるようにします。

　メダカ飼育観察では，卵の成長の様子を理解することも大切ですが，命を大切にする心を育てることが最も大切な目的になります。

　メダカの卵が孵化して，数日間はえさを与えなくても子メダカは生きていけます。腹に栄養を持っているからですが，そのためか子メダカにえさを与え忘れて，せっかく孵化した稚魚を死なせてしまうことがよく起こります。

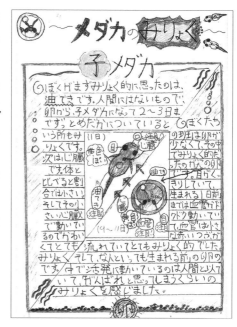

　お腹の膨らみがなくなった後は，特に多くのえさが必要な時期になります。親メダカに与えていたえさより小さくし，与える回数を多くして，こまめにえさを与えるようにします。

　メダカを飼うための適切な数は，飼育する水槽の水面の面積に比例するといわれています。可能な範囲で水面の面積が大きくなる水槽の中で，飼育すると多くのメダカを飼育することができます。

(鷲見)

| 教材・教具ネタ | 実験・観察ネタ | 学習課題ネタ |

5年／流れる水の働きと土地の変化

校内で本物の川をつくり，実感を伴った理解をしよう！

　身近に川がなくても，校内で築山をつくるなどモデル実験を工夫することによって，児童が流れる水の働きについて本物の川で調べている実感をもつことができる工夫をしましょう。

1 本物の川を校内につくる工夫について

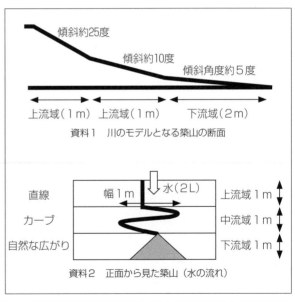

　導入では児童が雨の日に校庭で見た様子と川の類似点を見つけるようにします。ここで，児童の飲み水の源である「利根川」の上流，中流，下流で指導者が撮影した映像と関東地方の地図を見せます。そして，川の上流，中流，下流で水の流れや石の大きさや形の違いがあることから児童が問題を見いだし，追究する意欲を高めます。上記のように，校庭の傾斜を利用して本物の川のような築山を班で1つ作製して，問題解決が図れるようにします。目的が焦点化すると，全員が真剣に学習する姿が見られます。

2 モデル実験の仕方について

　２Lのペットボトルに水を入れ，約30秒で流し終えるようにし，水が流れた後も観察するように声をかけ，侵食・運搬・堆積の働きをとらえさせます。

　ここで植木鉢を利用し，底の穴から水が一定量出るようにします。検証を進めるうちに，なぜ上流，中流，下流の石の大きさが違うのか，その場に留まっていられるのか主体的に問題解決していきます。さらに，粒の大きさの異なる材料〔大：寒水石（白色，約５cm），中：鹿沼土（黄土色，約５mm球），小：粉末粘土（白色，粉末）〕を用意し，上流に混ぜて置き，水や粒が流れる様子だけでなく，流れ終わった様子を観察させます。粒の転がり方，カーブの内側での堆積，外側での侵食，下流域では粒の小さい粘土だけが運搬されて水が広がる様子を観察できます。また，タブレットで撮影し，何度も観察できると理解が深まります。

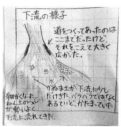

― ポイント ―

　築山でカーブの外側を流れる水は速くて侵食・運搬の働きが大きく，内側を流れる水は遅くて土を堆積させる働きが大きいことを学習した後，理科室でもモデル実験を行うと理解が深まるでしょう。上の写真は工作用紙とビー玉での流れる水のモデル実験の様子です。そして，庭に敷く複数の軽石をペットボトルの中に入れ，何千回も振ることで軽石の角が取れ，石が丸くなる様子が観察できます。築山で観察したことと結びつけると流れる水の働きについて深い学びとなるでしょう。

ビー玉実験

（渡辺）

| 教材・教具ネタ | 実験・観察ネタ | 学習課題ネタ |

5年／天気の変化

日本に上陸する台風が
どこで発生するか考える

> 南の海上で発生した台風は，北上して日本に上陸すると被害を及ぼすことがあります。この南の海上とは，子どもたちはどの辺りを考えているのでしょうか。子どもたちのイメージの違いから問題設定を行います。

1 日本に上陸する台風について調べる

　台風が近づいてくるタイミングで調べ活動ができると，子どもたちの興味・関心も高まります。日本に上陸する台風について，グループで調べ，発表します。発表の場を設定することで，子どもたちの目的意識が明確になり，意欲的な活動になります。

　台風がどのように発生するのかを調べたり，日本に上陸するまでの進路を調べたり，日本に上陸したときの天気や台風による被害について調べたりして発表することになります。ここでは，低気圧や高気圧など，意味を理解しないで使うことがないように指導します。子どもたちは気圧について，ゴミ袋を空気で膨らませて顔に押し当て，この空気が押す力だと説明していました。

2 日本に上陸する台風がどこで発生するか考える

　子どもたちの発表では，台風は南の海上で発生するという説明がされることが多いです。南の海上というのは，子どもたちはどのようにイメージしているのでしょうか。ここで，日本が中心に描かれている世界地図を渡します。
　そして，「みんなは台風の発生は南の海というけれど，どの辺りだと考えているのかな」と問いかけます。子どもの考えは大きく3つぐらいに分かれることが多いです。オーストラリア近辺，赤道近く，そして日本近海です。南の海上といっても，みんながもつイメージは違うことがわかったところで，「台風はどこで発生することが多いのだろう」と問題を提示します。
　今はインターネットで調べると，近年発生した台風のルートがすぐにわかります。そして，台風が発生しているのは，赤道より北の海上で発生していることがわかります。最近は，日本近海の海上で発生することもあり，温暖化の影響を感じることにもなります。

3 台風が発生したときの進路を予想してみる

　この学習を終えた後，台風が発生したら，どのような進路をとるのか予想するように伝えます。最近の天気予報では，台風シーズンになると，台風が発生したときから伝えてくれます。日本近海に来てからも多様なコースをとることが多くなりました。台風に関心をもち，自分たちが住む地域がどのような備えをすればよいのか，日常的に考えることができるようにしていくことができたらいいですね。

（鷲見）

| 教材・教具ネタ | 実験・観察ネタ | 学習課題ネタ |

5年／天気の変化

空を見ることを大切にした天気の変化の学習

> いつも見ている空の様子に興味をもち，自分の上にある空を見上げ，天気を予想します。空を見てどんなことがわかれば天気を予想することができるのか，観天望気を大切にして，天気を変化させる要因をとらえ情報を集めて気象予報士になります。子どもの気づきと意欲を大切にした学習展開です。

1 発見!! 空の不思議さ，美しさ！

子どもたちは，毎日空を目にしていますが意識して見ている子どもは少ないです。子どもたちが空を見ようという意識をもてるように，空の写真コンテストや，毎日の空の様子と天気を記録したお天気カレンダーの作成を学習の前に行いました。

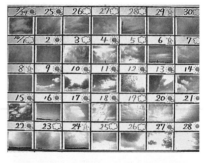

子どもたちはいろいろな形の雲や毎日色が変わる空の様子に興味をもち，空を見るようになりました。

また，お天気カレンダーを眺めて，雨を降らせる雲とそうでない雲がありそうだということや，天気の変化には雲が関係していそうだということに気がつきました。必要感がもてるように行事に合わせて単元を立ち上げ，自分たちで天気を

予想できるようになろうという目標を決めました。

2 放課後の天気を予想できるかな？

雲が動くことで天気が変わることをとらえた子どもたちは，雲が動いている方向がわかれば，その方向の空を見て天気が予想できると考えました。放課後（2時間後）外で遊べるか天気を予想しようと，屋上に出て雲の種類や動きを観察します。

雲は絶えず形を変えながら動くため，どのように動いたかがなかなかとらえにくいです。そこで，ビデオカメラやインターバル撮影できるカメラを利用し，子どもたちが観察していない時間の空の様子も記録しておきます。そうすることで，低いところの雲は風向きにより動き方が違うが，高いところの雲は風向きに関係なくおおよそ西から東へと動いていることをとらえることができました。

3 もっと遠くの雲の様子を知りたい!!

子どもたちは雲が西から東へ動くことがわかると，目で見える範囲よりももっと遠くの雲の様子を知ることで翌日の天気を予測することができると考えました。インターネットで気象衛星の画像を調べ，それをもとに天気を予測すると見事に当てることができました。また，繰り返し観察を行い，雲が西から東へと動いていることを体感していたため，気象衛星の画像を見て実際の雲の動きとつなげて考えることができました。

(若林)

【参考】tenki.jpHP:http://www.tenki.jp/

教材・教具ネタ　　実験・観察ネタ　　学習課題ネタ

6年／燃焼の仕組み

どこで酸素が使われている？
炎のヒミツを追究!!

> 本単元では，ろうそくの燃焼を扱います。しかし，どこで酸素が使われ，二酸化炭素ができているのかまではあまり考えていないでしょう。炎を解剖し，化学反応の現場を追究するのは興味深い体験になります。

1 ろうそくの炎を観察し，酸素が使われている部分を予想する

「ろうそくの炎のどの部分で酸素が使われているのでしょう？」と投げかけます。「酸素が使われている部分は明るく光って見えます」というヒントを与え，ろうそくの

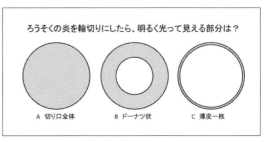

炎を注意深く観察させます。すると，炎の部分による微妙な色の違いや輝き具合の違いに気づきます。

次に，明るく光って見える部分を横向きの輪切りにしたら，炎の中のどこが明るく光って見えるか，選択肢を提示し，観察を通して予想させます。

　　A　切り口全体が明るく光っている
　　B　ドーナツ状に，外側だけが光っている
　　C　薄皮のように表面だけが光っている

すると，Bのように中身がドーナツ状になっていると考える児童が多く，AやCと考える児童は少数であることが多い傾向があります。しかし，外からいくら観察しても，答えはよくわかりません。

2 炎を切って，中身を観察してみよう

　炎は，三脚で使う金網で切ることができます。1 mm程度の網目が観察しやすいでしょう。金網の反対の端をもたせ，火傷には注意させます。炎を金網で切り，金網の上から観察すると，薄皮のような表面だけが，明るく輝いていて，炎の中身は何もないかのような透明に見えます。透明に見える炎の中身はろうの気体です。まさに酸素が使われ，燃えている現場を観察できます。ろうそくの炎は，ろうの気体と空気との境界に形成されている，薄い膜のようなものであることがわかります。私たちが見る炎は，2つの物質が接する境界で起きている連続的な化学変化（燃焼）が出す光の膜を見ていることになるのです。誰でも，はじめて見たときは驚きの声をあげるほど，大変興味深い観察になります。

3 他の単元との関連・活用問題の例

　透明にしか見えないので「ろうの気体」をイメージするのは難しいですが，4年「水の三態変化」で学んだ水蒸気と関連づけることができます。また，4年「温まり方の違い」と関連づければ，「炎は，なぜ炎らしい形で燃え続けることができるのか」を活用問題にできます。酸素が充分にあっても，重力がないと炎は燃え続けることができません。温められた空気が上へ移動し，新しい空気が供給される対流が起きないからです。炎は，自ら発する熱によって対流を引き起こし，その流れが炎らしい形をつくり，燃え続けられるのです。では，「水中花火はどうして燃えるの？」「空気のない宇宙にロケットはどうして火を噴いて飛んでいけるの？」など，発想次第でいろいろな活用問題が考えられます。

（尾崎）

| 教材・教具ネタ | 実験・観察ネタ | 学習課題ネタ |

6年／水溶液の性質

「人の体のつくりと働き」とつながる「水溶液の性質」の学習!!

　「人の体のつくりと働き」の学習では，消化器官のつくりと働きを調べます。そのとき，胃から出る「胃液」の成分である「塩酸」に着目します。子どもたちは，給食で出てきた飲み物に含まれる「鉄」も消化することができるのか疑問をもちました。胃液の成分である塩酸で鉄を溶かすことができるのか，授業はそこから展開します。

1 自分の胃の中にある「塩酸」で「鉄」が溶ける！

　「先生，飲むヨーグルトに鉄が入っているって書いてあるけど，これも消化できるんですか？」給食中の何気ない会話から学習をスタートさせます。
　クラス全体にその疑問を投げかけてみると「胃の中で鉄が溶けるわけがない」「鉄を飲んでしまっても大丈夫だったってテレビでやっていたよ」「飲み物の鉄は大丈夫。でもかたまりの鉄は無理」など，今までの経験から様々な考えが出てきます。そこで，塩酸に鉄を入れて観察することにします。鉄に泡が付き，溶けていく様子を観察する子どもたちの表情は真剣そのもの。自分の胃の中にある液体の成分で，鉄が溶けていくことに驚きを隠せません。

塩酸に鉄を入れた様子

鉄を観察する様子

2 「人の体」と結びつけることで深まる考え

塩酸に入れた鉄が溶けて見えなくなりました。鉄は塩酸の中にあるのかどうか確かめるためにその液体を蒸発させました。そうすると、自分たちが入れたはずの鉄の色や形が変わっています。これは鉄なのかどう

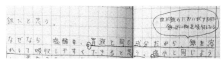
A児の予想の記述

A児の考察の記述

か磁石を近づけたり、水に溶かしたりして確かめてみました。実験の結果から、出てきた物は鉄ではないことがわかりました。子どもたちは、そのことを「胃液」と結びつけて表現していました。A児の予想では、「胃液と同じ成分だから、鉄を溶かして吸収しやすくできると思う。血が鉄のにおいがするので、鉄っぽい物を吸収している」と記述していました。考察では、「水と塩酸はちがう物で、塩酸には鉄を消化しやすく変える力があるんじゃないかと考えられました」と考えを深めていました。

3 人の体ってすごい！

この後も、炭酸水での学習を通して、「水溶液には気体が溶けている物があること」を理解することで「血液によって酸素や二酸化炭素が運ばれる」ことを深く理解することができました。
B児は、「特に驚いたのは、人間の体の中に鉄をとかす強い塩酸があるとい

B児の感想

うことです。こんな液体を作れるのはすごいと思った」「血液のことについて初めて知ることが多く、炭酸水の学習で二酸化炭素は液体に溶けると分かったことに結びつく」と記述していました。「人の体のつくりと働き」と「水溶液の性質」の学習を結びつけることで、考えが深まります。　　　　　（境）

| 教材・教具ネタ | 実験・観察ネタ | 学習課題ネタ |

6年／水溶液の性質

身近な水溶液の液性を調べ、生活の中で生かす

> 水溶液の液性はわかっても、その意味理解まではなかなかできません。それでも身近な水溶液を仲間分けすることで、少しでも理解を深めることができれば、学習したことを生活の中で生かせるようになります。

1 塩酸に水酸化ナトリウム水溶液を合わせると

塩酸と水酸化ナトリウム水溶液に、アルミニウムを入れると溶けます。しかし、この2つの水溶液を混ぜると、アルミニウムは溶けなくなってしまいます。これは水溶液が中和されるためです。中和は、土壌改良、水質改善等、あらゆる生活の場面で活用されているので、ぜひ体験させたいものです。

水酸化ナトリウム水溶液も塩酸も無色なので、中和される様子はわかりません。そこでムラサキキャベツ液を使って、中和する様子を体験してみます。水酸化ナトリウム水溶液にムラサキキャベツ液を入れて、少しずつ塩酸を加えていきます。黄色から緑色になり、もとの紫色になります。言葉で書くと簡単ですが、中性の紫色にするのはかなり難しい操作になります。少しのことでアルカリ性か酸性に偏ってしまいます。そのため、水溶液を紫色にすることができるとちょっとした感動が得られます。

2 弱酸性やアルカリイオン水

弱酸性やアルカリイオン水という言葉は，テレビコマーシャルでも使われ，子どもたちにとっても身近な言葉になっています。中性よりもわずかに酸性なのが弱酸性です。ムラサキキャベツを使った中和で，紫よりわずかに赤色が強い状態です。こ

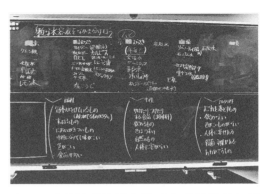

の弱酸性や弱アルカリ性を知ることで，水溶液の液性を線でとらえることができるようになります。

そこで，身近な水溶液を持ってきて，ムラサキキャベツ液を使った仲間分けをしてみます。その結果，水溶液の液性の特色がわかりやすくなり，意味理解につながっていきます。

3 使い分けてみる

エコな洗剤といわれる重曹とクエン酸は，アルカリ性と酸性で，液性が違います。洗剤は，用途によって，どの液性のものを使えばよいか知っておくと便利です。酸性のクエン酸とアルカリ性の重曹をどのように使い分けたらいいか考え，生活の中で試してみるのも面白いです。

※身近な水溶液と塩酸や水酸化ナトリウムなどの劇物を同等に扱うことがないように十分に注意して指導することが必要になります。混ぜてはいけない薬品についても十分に注意をして指導します。

(鷲見)

| 教材・教具ネタ | 実験・観察ネタ | 学習課題ネタ |

6年／てこの規則性

身近なものにも，あてはまるてこの規則性

> 本単元では，「支点」「力点」「作用点」といった言葉を押さえたり，つり合う規則性を式に表したりします。その後，実際に学習したことがあてはまる教材を使うことで，身近なものを科学的な視点でとらえ直すことができます。

1 ターンクリップを使って，手ごたえを数値化

てこの規則性について，実用てこを用いて実験をしていきます。単元の終末では，つり合う決まりを見つけて規則性を導き出すために，式に表します。このような学習が身近なものにも使われているのかということに興味をもちます。

ターンクリップにも，自分たちが学習した規則性があてはまるのか，クリップの構造や，持ち手の部分の長さを調べます。そのことをもとに「持ち手の長さを変えるとかかる力が変わるだろう」という予想をもちます。

ポイント

実験の際の留意事項
・安全面では，クリップをしっかり押さえられるかどうか。
・どこまでクリップを開かせたらデジタルスケールをとめるのか。
　実験は3〜4人のグループで行うが，役割を分担しても各グループで結果にばらつきが出てきてしまう。このことから，学級全体でどのような傾向が見られるのかを合意形成していく必要がある。

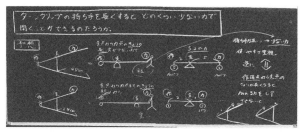

ターンクリップにかかる力を学習したことを根拠に予想している

この部分の持ち手の長さを変える

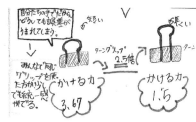

釣った魚の重さを測るデジタルスケール

　ターンクリップは,「大サイズ」のものを使い,「特大サイズ」の持ち手を付け替えたときと比べます。デジタルスケールは,定点でとまると数値が出る設定にすると,一定の力がかかったときのデータが取れます。

　グループで役割をしっかり分担し,押さえる子どもが手を放してしまうとクリップが変形してしまい,条件統一ができなくなるので注意します。

2 身近なものに学習したことを生かす,意欲的な子ども

　てこには,第1種・第2種・第3種てこがありますが,つり合う規則性などを学習した後に学校内でてこの規則性があてはまるものを探しに行きます。その中で,どのように改良したらより少ない力で済むのか,どのような形が使う人にとって使いやすいのかなど,子どもなりにユニバーサルデザインの視点をもって考えることもできます。

　この教材を使った学習を通して,学習したことを身近なものにあてはめる面白さを実感できると思います。

(尾方)

教材・教具ネタ　　 実験・観察ネタ　　? 学習課題ネタ

6年／てこの規則性

バランストンボをつくろう

> 口を支点にしてバランスよく指の上などにのるバランストンボをつくります。トンボの口を支点と考え，羽で体とのバランスをとるために，てこの学習で学んだことを活用することになり，てこの規則性についての理解を深めます。

1 バランスよく指先にとまるトンボをイメージする

　トンボが枝先にバランスよくとまっている姿を見たことがある人も多いと思います。このバランストンボは，昔からあるおもちゃで，竹でつくられていることが多いようです。これが指先にとまる姿は，ぱっと見て不思議さを感じさせます。

　このバランストンボをてこの学習を生かしてつくることにします。まず，トンボの写真か，実際のおもちゃを見せてイメージをもてるようにします。

　そして，トンボの胴体だけを印刷した紙を配り，指先でバランスがとれるように羽を描かせます。この後，みんなで検討する時間を設定します。

2 バランスよくとまるための羽を考える

子どもたちが描いたトンボを黒板に貼り，どのようなトンボがバランスよく指先にとまるのだろうという問題意識を高めます。そして，問題を板書します。その後，どのようなトンボが指先にとまるか検討しますが，その時間は短めにします。実際にやってみないとイメージをつかめない子も多いので，口よりも羽先が前に出ているトンボと

そうではないトンボを比較して，どちらが指先にとまりそうか考える程度にします。

この活動のよさは，やり直しが何回もできることです。試行錯誤をしながら，バランスよくとまるトンボを考えていくようにします。そのためには，やり直しが何回もできるだけの印刷した紙を用意しておく必要があります。

バランスよくとまるトンボにするためには，大きめの羽にするとよいです。支点（口）からの距離が遠くなり，羽先が口よりも少し前になるだけで，口を支点にして，羽と体のバランスがとれることになります。試行錯誤する中で，子どもたちはそのことに気づいていきます。

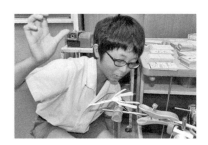

（鷲見）

| 教材・教具ネタ | 実験・観察ネタ | ? 学習課題ネタ |

6年／電気の利用

インプットがアウトプットになる現象から発電できる感動を

> 本単元の学習は，主体的な問題解決を行うことが難しいものの一つです。そこで，児童が「もっと学習したい。学習を生活に生かしたい」と思えるような教材や単元構成の工夫について考えましょう。

1 エコハウスから問題解決する

単元の導入では，総合と絡めて社会問題になっている「効果的な電気の利用」に対する意識を高めます。そして，環境に優しく，自分たちが将来住んでみたい家「エコハウス」を考えさせ，活用場面として本単元の学習につなげていきます。ここで，単なる楽しいものづくりに終始せず，自分たちで発電したり，電気を使

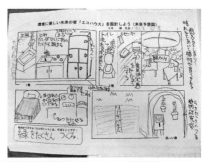

エコハウス設計図（第1案）

ったり，蓄電したりしたことを生かすことが最重要課題です。具体的には，エコハウスの設計図を班で1つ考えさせ，学習を通してその設計図に改善や修正を加えていきます。そして，小さい頃から慣れ親しんでいるブロックなどを活用し，より実物に近い家をつくり，エコハウスとそうでない家の模型を比べることで児童には生活に即した問題解決になります。実生活に密着した活動なので，電気の利用の仕方や自分の生き方を振り返り，生活で実践することへとつなげたいところです。

2 発電できる感動を味わう工夫

　この単元で大切にしたいことの一つに「発電できる感動」があります。手回し発電機をはじめから使うのではなく，5年生で学習したコイルモーターを活用して自力で発電できると，児童は感動を味わい，それが主体的な学習につながります。

スピーカー発電機

マイク発電機

　「電気⇔動作」という可逆的な現象を見せ，操作させます。このように逆転の発想をし，モーター

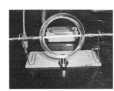
電池を外すとコイルモーター発電機に

磁石をコイルの中に入れて回すとLEDが点灯

を回すと発電できる体験をすると，感動が次の学習につながり，手回し発電機の巧みさにも気づきます。写真はスピーカーやマイクに電気を流せば振動や音が発生して，逆に動作を加えると発電してLEDが点灯します。

　・・・・・・ポイント・・・・・・

　発電機やエコハウスを作製するのに時間をあまりかけないことが大切です。理科室にあるものや市販のブロック等を活用することによって，ねらいに即した活動にしたいところです。さらに，発電の仕組みは中学校で学ぶので，あくまで5年生の電磁石の学習を活用すれば自分たちで発電できるという感動を味わわせることに重点を置きます。日常生活に生かせる学習にしましょう。

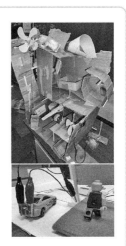

（渡辺）

| 教材・教具ネタ | 実験・観察ネタ | 学習課題ネタ |

6年／電気の利用

省エネ家電は何だろう？

> 発光ダイオードと豆電球では，流れる電流の強さが違うことを実験で確かめます。日常使っている電化製品では，どうなのでしょうか。それを調べることで，省エネの意識を高めていくことができます。

1 回路に流れる電流の強さを調べる

　コンデンサーに溜めた電気は，つなぐものによって使える時間に違いがあります。発光ダイオードは長く使えますし，豆電球やプロペラ付きのモーターになれば短くなります。5年生で使った自作電磁石をつなぐと，さらに使える時間は短くなります。簡易検流計をつなぐと，使える時間が長いものほど弱い電流で光ったり動いたりしていることがわかります。コンデンサーに，自作電磁石と簡易検流計をつなぐと，コンデンサー内の電気をあっという間に使う様子を見ることができます。

　予想では，プロペラ付きのモーターの方が強い電気が必要と考える子も多いですが，圧倒的に自作電磁石のほうが強い電流が流れます。自作電磁石は，モーターに使われているものより短く，太い導線を使うことになります。そのため，強い電流が流れ，発熱することにもなります。

　モーターを分解して，使われている電磁石を見ると，発熱を押さえ，弱い電流でより効果的に磁力を発生させる工夫が詰め込まれていることがわかります。

2 実験結果から電化製品の消費電力量を考える

　コンデンサーの実験結果をもとにして，どのような電化製品の消費電力が大きいかを考えます。家庭で使う電化製品では，アイロンやヒーターなど熱を出すものが，多くの電気を使うというイメージをもっている子が多くいます。実験でも電磁石は熱くなるので，やはり熱を出すものが多くの電気を使うのではないかと予想することになります。予想まで行ったら，各家庭で電化製品の消費電力を調べるように伝えます。

　各家庭で調べてきたら，その結果を表にまとめてみます。比べる電化製品は多い方がよいので，グループごとに調べてきた結果をまとめるようにします。電気の消費量が小さいものから大きいものへ数直線上に表すようにするとわかりやすいまとめになります。

　各家庭の電化製品の消費電力を調べることは，省エネの意識を高めていくことにもつながるよさがあります。

------ ポイント ------

　電化製品の消費電力は，W（ワット）で表示されていることが多いです。

　W＝電流（I）×電圧（V）になりますが，小学校では電流，電圧を学習しません。しかし，日本のコンセントは100Vと決まっているので，W数が大きいと消費電力も大きいということになります。このことは，小学生でも理解できるので，説明してから各家庭の消費電力調査を行うようにします。

（鷲見）

| 教材・教具ネタ |  | ? 学習課題ネタ |

6年／人の体のつくりと働き

実物で発見！ 人の体の機能と構造

> 本単元では資料による学習展開が多いのではないでしょうか。しかし，実物を目の前にすることで教科書や資料では気づかない人体の構造を知り，そこから人体の機能を考える機会ができます。

1 豚の内臓を使って小腸の観察

子どもたちと胃や小腸といった消化器官の働きについて，ある程度調べておきます。そして，「その働きのために，どのような仕組みがあるのだろう」と，構造について予想をもちます。

小腸に関していえば「きっと栄養を吸収する穴が開いているよ」「栄養をつかまえる何かがあるはず」といった予想をもって実物を観察するとその後の考察場面が盛り上がります。

―――― ポイント ――――

写真にもあるように，観察の際は，衛生面での配慮が必要です。扱う内臓はすべて加熱処理をします。

また，マスク・手袋の着用を徹底します。手袋に関しては介護用のゴム製ではないものを使うようにしています（稀にゴムに対するアレルギーをもつ人がいるため）。

また，本来は食材であること，命をいただいているということは事前に指導し，観察中のマイナスな発言や思いを子どもがもたないようにします。

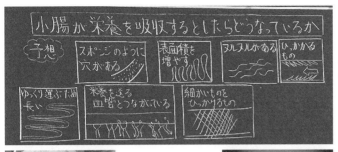

子どもたちが考えた小腸のつくり（構造）に対する予想の板書

タオルみたいだ。水を拭くように栄養を吸収すると思う。

この細かいひだひだが栄養をつかまえると思う。

栄養を運ぶための血管があると思うけど…
あ、外側の皮をむいたら細かい血管がこんなにあった。

外側の白い脂肪をとったら太い血管があった。細かい血管に入った栄養がここを通って全身に行くんだ。脂肪は血管を守るためにあったのかな。

　精肉店やホルモンを取り扱う店が近くにある場合，細かく切断される前のボイル小腸が購入可能です。スーパーで販売している「もつ鍋用ホルモン」「もつ炒め」も血管や柔毛を観察できます。加熱した小腸の方が柔毛を見やすいです。衛生面からも加熱処理が済んでいる小腸がおすすめです。

2 人体のつくりのすごさ

　蜘蛛の糸をはじめ，自然の中にあるものを暮らしに応用する技術が研究されています。足ふきマットやタオルも吸水率を上げるために様々な工夫がされていますが，小腸の柔毛を見ていると足ふきマットやタオルの表面が頭に浮かんできます。

　小腸の柔毛は吸収するための表面積を増やすためにあのような形になっています。小腸の表面積をすべて平らに広げると平均的な成人男性の場合，テニスコート一面（約196㎡）とほぼ同じ。この広さが形を変えて私たちの体の中に収まっていると考えると，人体の巧みさに驚くばかりです。　　（田中）

6年／人の体のつくりと働き

ジュースを飲んで尿になるまでを考える

食べたものが糞になるまでは理解しやすいです。しかし、尿になる過程は「あれっ、どうなっているんだろう」という思いをもつことになります。最初に予想して問題意識を高めてから、調べ活動を始められるようにします。

1 肺の働きを考える

人や動物の体は、大きく分けて３つの内容を学習することになります。呼吸と消化と血液の流れです。しかし、どの内容も実験できることが限られてくるため調べ活動が中心になります。調べ活動は、問題意識を高め、何を調べるのか目的をはっきりさせないと、資料を写すだけの表面的な学びになってしまいます。

呼吸は、吸う前と吐き出した後の酸素と二酸化炭素の体積の割合変化を調べます。この実験の結果が出た後、その変化がどのようにして体の中で起きているのか予想します。肺の中で起きていることはわかっている子が多いので、肺の絵だけを示して、空気が変化する様子を図で描くようにします。

その図を板書したり、描いた紙を貼ったりすれば、個々の考えに違いがあることがわかります。その違いが問題意識を高め、何を調べればよいのか目的を焦点化することになります。

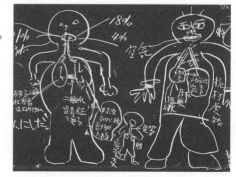

2 ジュースを飲んで尿になるまでを考える

　呼吸と同様に，消化管の働きについても，唾液の働きを調べた後，食べ物がどのように肛門を通って排出されるか予想してから，調べ活動を行います。この調べ活動の後，血液の働きも調べますが，まとめとして次のような問いを投げかけてみます。
　「ジュースを飲んで尿になるまでを図に描いてみよう」
　これまでの学習を振り返りながら図を描くことになりますが，臓器と血液の働きを総合的に考えないと正確に描くことはできません。これまでの活動で，自分の体について，どこまで理解できているのかがわかることになります。このようにこれまでの学習を総合的に考えることができてこそ，深い理解といえるのですが，なかなかできません。大腸の先にぼうこうがついたり，胃から小腸と腎臓に分岐したりする図が出てくることになります。これまでの学習を再度振り返り，理解を深めることになるはずです。

3 低学年の子にもわかる資料をつくろう

　問題意識を高め，目的を明確にした調べ活動を行っても，資料を写すだけの活動に陥ってしまう子もいます。それを防ぐために，資料を低学年に説明するつもりで作成するとよいです。

　実際に交流の場を設けることを伝えれば，活動意欲は高まるはずです。時間はかかりますが，総合的な学習の時間等を使って低学年が楽しめる発表方法を工夫すると，より理解が深まることになります。

（鷲見）

| 教材・教具ネタ | 実験・観察ネタ | 学習課題ネタ |

6年／植物の養分と水の通り道

野菜の水の通り道

> 水の通り道を調べる実験はホウセンカが主流で水の通り道も見やすいですが，他の植物でも調べてみると共通性や多様性に目を向けることにもつながります。ヒメジョオンやブタクサなども使えますが，野菜は子どもたちにも身近で，手に入りやすいです。

1 野菜の水の通り道はどうなっているのかな

　根から吸い上げる実験を行うのであれば，コマツナなど根が付いている野菜を用意しましょう。ただし，吸い上げるのに時間がかかります。また，通り道がわかりやすいのは，セロリやアスパラガスです。

根から水を吸い上げていることがわかる

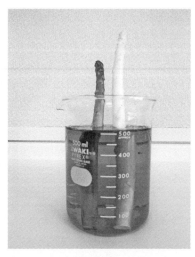

根がなくても，水を吸い上げるのか

2 野菜の水の通り道を調べよう

　野菜をカッターで切り，水の通り道を調べてみます。ホウセンカで調べた実験と比べてみると，共通点や差異点に気づくことができます。1つの植物について調べた結果から結論づけるのではなく，複数の植物で調べた結果をもとに考えます。

茎のどこを通っているかがわかる

セロリの葉まで水を吸い上げていることがわかる

（坂野）

教材・教具ネタ　**実験・観察ネタ**　**学習課題ネタ**

6年／生物と環境

水と土の中の小さな生き物を中心に食物連鎖を考えよう

> 生物のつながりを考えるとき，重要な役割を担うのが，小さな生き物です。小さな生き物の観察を行いながら，生き物のつながりを絵に描いてみると関わり方を理解しやすくなります。

1　土や水の中にいる小さな生き物を観察する

　土の中の小さな生き物は，堆肥置き場や長期間置きっぱなしになっているプランターの下の土を集めると見つけやすいです。ムカデ等の危険な生き物がいないか注意しながら，スコップでケースに土ごと入れます。理科室でピンセット等を使って探してみると，実に多様な生き物がいることがわかります。

　水の中の生き物もプランクトンネットがあると集めやすいです。それがない場合でも，水中の木片や岩からメダカ用のネットでこすり取ると，多様なプランクトンを見つけることができます。

2 観察した生き物を一つの図にまとめる

具体的な図を見た方がイメージをつかみやすいと思うので，大きめの図を掲載します。

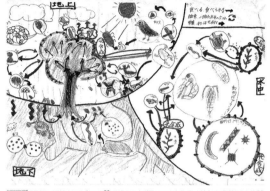

図にまとめるときは，1本の木を中心にして描くように伝えると，まとめやすくなります。1本の木を中心にして，水や空気の関わりを描きます。そして，その木の周囲の地上や地中の食物連鎖をまとめ，水中もまとめるようにします。

自分の似顔絵を描き，その関わりを広げていくという方法でもできます。とにかく，中心になるものを決めた方がまとめやすいようです。

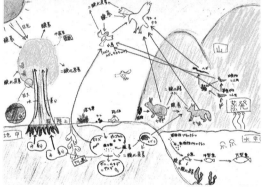

この学習で描く世界は，ミクロからマクロまで混在する形になります。大きさの観点から見れば，非現実の世界です。それでも，それぞれの関わりを視点にしたまとめですので，それでよしと考えます。下手に空間を意識するほうがわかりにくいまとめになってしまいます。

(鷲見)

教材・教具ネタ　　実験・観察ネタ　　学習課題ネタ

6年／生物と環境

プログラム教材を使って
理想の街づくりをしてみよう

> 人と環境はとても大きな問題になります。子どもたちが環境を守るためにできることも限られてきます。それでも環境を守る意識を育てることは大切なことです。将来に夢をもてるような取り組みをしたいものです。

1 現在の環境問題と環境対策を調べる

　これからも自然環境を守りながら生きていくために，どんな問題があるのかを調べることから始めます。日常でも環境問題は取り上げられることが多いので，おおよそのことは知っている子がほとんどです。それでも問題を明確にする方が，豊かな発想で対策を考えやすくなります。

　この学習は，これまでの学習の総まとめにもなります。燃焼，光合成，呼吸，電気等，6年生で学習する内容がほとんど関わってきます。模造紙にまとめると発表で使えたりして便利ですが，時間がかかります。

　小学校卒業論文としての活動設定にし，総合の時間も含めながら，時間確保する方法もあります。時間確保が難しければ，調べた内容はノートにまとめ，理想の街づくりに時間をかけるようにします。

2 自分たちにできることを考えながら理想の街づくりをする

この街づくりをするときに，プログラム教材を取り入れることも考えられます。ソニー社の，MESH，レゴ社のWeDo2.0などのセンサーを使って，小学生でも簡単にプログラムすることができる教材が開発されています。

例えば，温度センサーを使って，温度がある一定以上になると，警告放送が流れて，街中のスプリンクラーが作動するといった街づくりを考えたグループがありました。実際に水を流すわけではありませんが，プログラムとしては，一定の温度以上をセンサーが感知したら，あらかじめ録音した音声を流し，モーターを起動するというプログラムを組んでいました。

もっと身近なところで，燃えるゴミと燃えないゴミのゴミ箱に，人感センサーを取り付けて，リサイクル意識を高める音声を流す仕組みを考えたグループもあります。プログラム教材を活用することにより，工夫の幅が広がり，より楽しめる活動になる利点があります。プログラム教材に限らず，ＩＣＴを活用した活動を考えることで，これまでにない活動が生まれます。動きのある発表になったり，自分たちが思い描いた姿に近づけるように試行錯誤したりする姿が見られるようになります。紙面上のまとめより，子どもたちが楽しめる活動になるよさもあります。

(鷲見)

| 教材・教具ネタ | 実験・観察ネタ | 学習課題ネタ |

6年／土地のつくりと変化

地域限定！ 石ころ本物図鑑をつくろう！

　本単元では，流水や火山の働きでできた岩石を扱います。しかし，河原や海岸など，身の回りの岩石を書籍の写真を見て同定するのは難しいものです。地域限定なら，石ころ本物図鑑をつくる活用課題になります。

1 地域限定の石ころ本物図鑑の価値とは

　石ころは，比較的どこにでもあり，観察や採集がしやすい地域素材です。しかも，石ころは大地の成り立ちを読み解く証拠になります。しかし，石ころを同定するのは難しいものです。岩石は形状からは見分けがつかず，色や模様も一つ一つ異なるため，書籍の鮮明な写真と見比べても，まったく同じものは見つかりません。事実，一つの分類名にあてはまる岩石も，見た目は実に多様で，グラデーションの様相を呈しています。また，表面は風化による変化もあります。そこで，事前に，学校に近い海岸に見られる岩石を拾い集め，地域の博物館の学芸員の協力を得て同定していただきました。そして，同定した岩石標本を整理してつくったのが，写真の石ころ本物図鑑です。

　一つの分類名の中に，似た色や模様の岩石を近づけつつ，成因ごとの板に分けて配置することで，岩石が本来もつ多様性とともに，大地の成り立ちを読み解く証拠となる分類を表しました。これがあれば，児童は手に持っている石ころと直接見比べながら同定することができます。この本

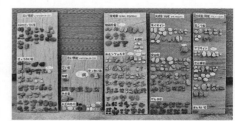

物図鑑は同定することを目的としているため，実際の海岸の岩石の量比には対応していません。使用目的によって，図鑑のつくり方は変わってきます。地域限定にすることで，岩石の種類やその特徴を精選することができます。

2 自分たちだけの石ころ本物図鑑をつくろう

❶ 2人一組で，種類が違う石ころを10個拾ってこよう

石ころの観察・採集の仕方は目的によって決まります。石ころ本物図鑑をつくることを目的とする場合は，種類が異なると考えた様々な石ころを採集します。班活動にしたり，数を限定したりすると，児童による比較検討を誘発するとともに，指導者一人の一斉授業でも個別対応可能な数量になります。

❷ 拾ってきた石ころの名前を調べ，自分だけの石ころ本物図鑑をつくろう

異なる岩石だと思ったのに，調べてみると同じ種類だった，ということはよくあります。その逆も然りです。また，岩石に見える人工物も少なからずあることに気づきます。同定した岩石を種類ごとに分け，接着剤でベニヤ板等に貼ると学校独自の教材になります。

❸ 地域の大地のストーリーを推理しよう

岩石の種類がわかれば，その上流の大地の成り立ちを推測する証拠になります。付近の博物館の資料や学芸員と連携し，事前に調査しておきます。

3 その他の教具：フローチャート

石ころ本物図鑑をもとに，岩石の同定に活用できるフローチャートをつくることができます。岩石を同定する目的は，その成因から，大地の成り立ちを推測するためであることを押さえておきます。

（尾崎）

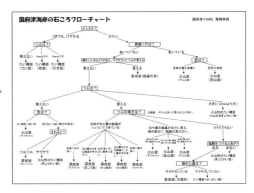

6年／月と太陽

月早見盤で月の動きを理解しよう

満月，半月，三日月が何時にどの方角に見られるかはわかりにくいものです。しかし，太陽の位置との関係で考えることができる月早見盤を製作することで，月の動きについて理解を深めることができます。

1 月の観察をする

4年生の学習を思い出すためにも，毎日の月の観察を行うようにします。4年生の月の学習では，一日の月の動きを理解します。その動きをイメージしながら，6年生の学習では日々変化する月の形についても理解することになります。そこで，ここでの月の観察は，時間を決めて，同時刻に見られる月の形や方角を記録するようにします。

その観察記録をもとにして，月早見盤を製作することになります。

2 月早見盤を製作する

右図が月早見盤です。太陽の位置が時刻を表します。西に太陽が沈む位置にあれば，おおよそ18時に見られる月の形と方角を表すことになります。

半月（上弦の月）であれば，南に見られ，満月であれば東の方角に見られます。

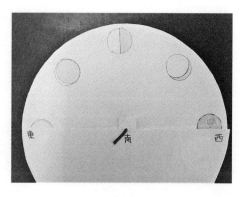

❶月早見盤のつくり方

(1) 画用紙で円と半円をつくります。大きさは自由ですが、画用紙1枚で円と半円が1枚ずつできる大きさがよいです。円と半円の紙をピンでとめて、回転できるようにします。半円の紙にピンでとめる場所をつくっておくととめやすいです。

(2) 半円の上部に東、南、西をかきます。
(3) 円盤のどの部分でもよいので、太陽を丸くかきます。月と色を変えるとわかりやすいです。子どもたちのイメージに近いのは、太陽が赤で、月が黄色です。
(4) ここから、月の観察をもとにして月を描いていきます。
(5) 太陽の位置を西にして、太陽がある側が光ることを考えると、太陽の近くに三日月、90度の角度（南）に上弦の月、反対側（東）に満月を描くことになります。最初は、この3つの形の月がわかりやすいです。
(6) 三日月、半月（上弦、下弦）、満月が描けたら、観察した他の形の月も描きこんでいきます。

------- ポイント -------

(1) 月の形やその形の月が見られる時間と方角は、太陽との位置関係で考えるとわかりやすいです。季節、場所により時間がずれますが、おおよその時間は次のようになります。

太陽の位置：東6：00　南12：00　西18：00

太陽の近く：三日月　太陽と90度：半月　太陽と反対側：満月

(2) 間違えやすいのが下弦の月です。太陽を東の位置にして、太陽の側が光るように、90度の位置（南）に描くようにします。
(3) 半月、三日月等は、方角によって見られる角度が違いますが、それもわかりやすいというよさが月見盤にはあります。

(鷲見)

【執筆者紹介】

鷲見　辰美　筑波大学附属小学校
辻　　　健　筑波大学附属小学校
尾崎　幸哉　神奈川県湯河原町立湯河原小学校
渡辺　浩幸　千葉県千葉市立さつきが丘東小学校
坂野真貴子　東京都多摩市立多摩第二小学校
片桐　大樹　神奈川県横浜市立稲荷台小学校
木月　里美　東京都あきる野市立西秋留小学校
西田　俊章　神奈川県横浜市立井土ヶ谷小学校
若林　　純　神奈川県横浜市立瀬谷小学校
境　　　孝　神奈川県横浜市立立野小学校
尾方　優祐　神奈川県横浜市立白幡小学校
田中　孝之　神奈川県横浜市立井土ヶ谷小学校

【編著者紹介】
鷲見　辰美（すみ　たつみ）
1964年，愛知県名古屋市生まれ。愛知教育大学卒業後，愛知県岡崎市の教員を経て，筑波大学附属小学校教諭となる。
日本初等理科教育研究会副理事長，文部科学省教育映像等の審査学識経験者委員。全国学校飼育動物研究会会員。
日本テレビ「世界一受けたい授業」に出演。朝日新聞2010.4「花まる先生」に掲載される。

理科授業サポートBOOKS
子どもの思考をアクティブにする！
小学校理科授業ネタ事典

2017年7月初版第1刷刊	Ⓒ編著者	鷲　見　辰　美
2021年5月初版第3刷刊	発行者	藤　原　光　政
	発行所	明治図書出版株式会社

http://www.meijitosho.co.jp
（企画）茅野　現（校正）高梨　修
〒114-0023　東京都北区滝野川7-46-1
振替00160-5-151318　電話03(5907)6701
ご注文窓口　電話03(5907)6668

＊検印省略　　組版所　藤原印刷株式会社

本書の無断コピーは，著作権・出版権にふれます。ご注意ください。

Printed in Japan　　ISBN978-4-18-157928-9
もれなくクーポンがもらえる！読者アンケートはこちらから →

アクティブ・ラーニング
小学校のを位置づけた授業プラン

Active Learning が即実践できる！

- ▶ **国語科** ・2770・B5判・2260円＋税
  ・中村和弘 編著

- ▶ **社会科** ・2771・B5判・2200円＋税
  ・小原友行 編著

- ▶ **算数科** ・2772・B5判・2300円＋税
  ・金本良通 編著

- ▶ **理　科** ・2773・B5判・2200円＋税
  ・鳴川哲也・山中謙司
  塚田昭一 編著

- ▶ **特別の教科 道徳** ・2774・B5判・2200円＋税
  ・押谷由夫 編著

アクティブ・ラーニングを位置づけた小学校 **国語科** の授業プラン

中村和弘 編著

Active Learning が即実践できる！

● 領域ごとに「深い学び」「対話的な学び」「主体的な学び」とのかかわりがよく分かる！
● 子どもの学びをとらえる視点から記録方法のアイデアまで、ALの評価の考え方を解説！

明治図書　携帯・スマートフォンからは **明治図書 ONLINE へ**　書籍の検索、注文ができます。　▶▶▶　

http://www.meijitosho.co.jp　＊併記4桁の図書番号（英数字）でHP、携帯での検索・注文が簡単に行えます。
〒114-0023　東京都北区滝野川7-46-1　ご注文窓口　TEL 03-5907-6668　FAX 050-3156-2790

＊価格は全て本体価格表示です。

平成29年版 学習指導要領改訂のポイント

大改訂の学習指導要領を最速で徹底解説！

B5判

『国語教育』PLUS 小学校・中学校 **国語** 提言 吉田裕久／冨山哲也 1800円＋税 図書番号：2717	『社会科教育』PLUS 小学校・中学校 **社会** 提言 澤井陽介 1860円＋税 図書番号：2716
『授業力＆学級経営力』PLUS 小学校 **算数** 提言 笠井健一 1900円＋税 図書番号：2713	『数学教育』PLUS 中学校 **数学** 提言 水谷尚人 1800円＋税 図書番号：2712
『楽しい体育の授業』PLUS 小学校・中学校 **体育 保健体育** 提言 白旗和也 1860円＋税 図書番号：2715	『道徳教育』PLUS 小学校・中学校 **特別の教科 道徳** 提言 永田繁雄 1860円＋税 図書番号：2720
『LD，ADHD＆ASD』PLUS 通常の学級の **特別支援 教育** 提言 田中裕一 1960円＋税 図書番号：2714	『特別支援教育の実践情報』PLUS **特別 支援学校** 提言 天笠 茂／安藤壽子 2460円＋税 図書番号：2707

 携帯・スマートフォンからは **明治図書ONLINEへ** 書籍の検索、注文ができます。▶▶▶

http://www.meijitosho.co.jp　＊併記4桁の図書番号（英数字）でHP、携帯での検索・注文が簡単に行えます。

〒114-0023　東京都北区滝野川7-46-1　ご注文窓口　TEL 03-5907-6668　FAX 050-3156-2790

アドラー心理学で自律した子どもを育てる！

勇気づけの教室をつくる！
アドラー心理学入門
佐藤 丈 著

子どもをほめて育てる。素晴らしいことのように思いますが、ほめられるから正しい行いをする…そんな子どもを育てている危険性も実はあります。本書では、ほめるのではなく勇気づけることをベースにした学級経営について、現場教師が実例に基づいて解説します！

- ●A5判
- ●144頁
- ●本体1,900円+税
- ●図書番号 2298

本音と本音の交流が学級を変えるのだ！

スペシャリスト直伝！
小学校 エンカウンターで学級づくりの極意
水上 和夫 著

構成的グループエンカウンターを適切に取り入れれば、学級は温かくなり、子どもたちの自己肯定感もどんどん育っていく。エンカウンターをベースにした学級づくり・授業づくりを進めてきたスペシャリストが、数多くのエクササイズとともに、今、その極意を大公開！

- ●A5判
- ●144頁
- ●本体1,860円+税
- ●図書番号 1358

明治図書 携帯・スマートフォンからは **明治図書ONLINEへ** 書籍の検索、注文ができます。▶▶▶
http://www.meijitosho.co.jp ＊併記4桁の図書番号（英数字）でHP、携帯での検索・注文が簡単に行えます。
〒114-0023 東京都北区滝野川7-46-1　ご注文窓口　TEL 03-5907-6668　FAX 050-3156-2790